大道行深
思政课社会活动教学

DADAO XINGSHEN
SIZHENGKE
SHEHUI HUODONG JIAOXUE

陈月强
/
著

南方日报出版社
NANFANG DAILY PRESS
中国·广州

图书在版编目（CIP）数据

大道行深：思政课社会活动教学 / 陈月强著 . -- 广州：南方日报出版社，2024.12

ISBN 978-7-5491-2818-1

Ⅰ . ①大… Ⅱ . ①陈… Ⅲ . ①政治课—教学研究—高中 Ⅳ . ① G633.202

中国国家版本馆 CIP 数据核字（2024）第 041276 号

DADAO XINGSHEN:SIZHENG KE SHEHUI HUODONG JIAOXUE

大道行深：思政课社会活动教学

著　　者： 陈月强
出版发行： 南方日报出版社
地　　址： 广州市广州大道中 289 号
出 版 人： 周山丹
责任编辑： 方　明　朱晓娟
责任校对： 阮昌汉　熊丽思
责任技编： 王　兰
封面设计： 南风生
经　　销： 全国新华书店
印　　刷： 广州小明数码印刷有限公司
成品尺寸： 185 mm × 260 mm
印　　张： 11
字　　数： 190 千字
版　　次： 2024 年 12 月第 1 版
印　　次： 2024 年 12 月第 1 次印刷
定　　价： 49.00 元

投稿热线：（020）87360640　　读者热线：（020）87363865

自序

“闻之不若见之，见之不若行之。”十六载高中思想政治教学生涯，我始终秉持这一理念，致力于推动学生的深度参与与实践探索。无论是组织学生开展充满挑战的研究性学习，还是在课堂上点燃思维火花的辩论式教学，抑或精心设计的探究式活动型课堂，每一次见证学生在“动”起来的过程中所展现的成长与蜕变，都让我倍感欣慰与振奋。而后，我成为市教育局教研室高中思想政治教研员，通过专题讲座、案例征集、平台搭建等方式，在更广阔的舞台上引领学生投身于社会调查、公益活动、志愿服务、人物访谈等社会实践活动中。正是这一路的教育实践与长期思索，催生了《大道行深：思政课社会活动教学》的萌芽。特别是得益于依托省基础教育高中思想政治学科教研基地的三年探索与实践，本书从雏形逐渐走向成熟。

本书从理论基础入手，深入探讨了马克思主义哲学实践观、中国传统文化“知行观”、“从做中学”的教育思想以及学生核心素养理论等，为思政课社会活动教学奠定了坚实的理论根基。接着，本书详细阐述了深度学习与批判性思维、探究性学习与知识构建、体验式学习与情感联接、项目式学习与问题解决等教学理论和方法支持，为教学实践提供了丰富的策略与工具。

在实施路径方面，本书分为融入学校小课堂和社会大课堂的社会活动教学两大部分，分别介绍了基本路径、典型案例和活动评价等内容。这些内容不仅涵盖了课堂教学的创新设计，还包括社会调查、社会服务、模拟公共参与、研学实践、职业体验等多种社会实践活动的组织与实施，为思政课教师提供了丰富的教学素材与实践参考。

最后，本书对思政课社会活动教学的未来趋势进行了展望，分析了面临的机遇与挑战，并提出了技术革新与教学融合、政策支持与制度保障等建议，为思政课社会活动教学的持续发展指明了方向。

饮水思源，我深知，若没有一线教师们的智慧结晶，没有出版社编辑的栏目策划与撰稿建议，没有长期以来支持思政课社会活动教学的领导与朋友的助力，这部作品便无从谈起。在此，我衷心感恩每一位助力者，是你们的力量汇聚成了这部著作的出版。

诚然，因时间紧迫，书中或许存在些许疏漏；且受限于个人水平，不足之处在所难免。我真诚地期待广大读者不吝赐教，批评指正，共同推动思政课社会活动教学的进步与完善。

目录 CONTENTS

第一部分　总论：思政课社会活动教学的理论基础

第二部分　分论：思政课社会活动教学的实施路径

第三部分　结论与展望：思政课社会活动教学的未来趋势

第一部分

总论：
思政课社会活动教学的理论基础

第一章　社会活动教学的文化和理念参考

一、马克思主义哲学的实践观

实践的观点是马克思主义哲学的基本观点，实践作为主要力量，推动了人类历史的发展，因此马克思认为:“全部社会生活在本质上是实践，哲学家们只是用不同的方式解释世界，但问题在于改变世界。”

在《政治经济学批判大纲》中，马克思提到:“在再生产的行为本身中……生产者也练出新的品质，通过生产而发展和改造自身，造成新的力量和新的观念，造成新的交往方式，新需要，新语言。”这也充分表明教育与生产劳动相结合，是促进人全面发展的有效途径。马克思还认为，未来教育对所有已满一定年龄的儿童来说，就是生产劳动同智育和体育相结合，它不仅是提高社会生产的一种方法，并且是造就全面发展的人的唯一方法，也就是说教育必须使学生获得较为全面的知识，学生既能用脑劳动也能用手劳动。

《中华人民共和国教育法》第五条明确了党和国家的教育方针：教育必须为社会主义现代化建设服务、为人民服务，必须与生产劳动和社会实践相结合，培养德智体美劳全面发展的社会主义建设者和接班人。

思政课社会活动教学，本质上就是要求思政课做到理论与实践相结合，引导学生在实践中正确理解和把握思政课的内容要义，并积极付诸行动和实践。

二、中国传统文化“知行观”

在中国哲学中，认识和实践的关系表述为知与行的关系。孔子等众多学者都十分重视知行问题的探讨，提出了许多深刻的思想。其主要观点有：

第一，行先于知，由行致知。一些具有唯物主义倾向的哲学家大都认为行先于知，主张由行而致知，在一定程度上肯定了实践是认识的基础和源泉。孔子说："行有余力，则以学文。"把"行"放在对知识的掌握（学文）之先。荀子把"行"作为出发点和归宿，指出"不闻不若闻之，闻之不若见之，见之不若知之，知之不若行之。学至于行之而止矣"，并对"行"在认识中的地位和作用有深刻的理解，他说："不登高山，不知天之高也；不临深溪，不知地之厚也。"先秦以后，历代具有唯物主义倾向的哲学家，都有关于"行先于知"的论述，其中最具代表性的是明清之际的王夫之，他建立了"行先后知""行可兼知""知行相资以为用""知行并进而有功"的比较完备的朴素唯物主义的知行学说。

第二，知之明也，因知进行。许多唯物主义哲学家还辩证地肯定了知对行的指导作用。荀子说，"知明"则"行无过矣"。他认为有两类人：一类人知而后行，以知统行，这是"君子"；另一类人知而不行，知行脱节，这是"小人"。《礼记·大学》把"格物致知"放在八条目（格物、致知、诚意、正心、修身、齐家、治国、平天下）之首。王夫之指出"知行终始不相离"，他既强调"力行而后知之真"，同时又提出"行听乎知"。孙中山先生提出"因知以进行""能知必能行"，指出人类的认识是在"以行而求知，因知以进行""行其所不知以致其所知""因其已知而更进于行"的过程中不断前进的。

第三，以行验知，以行证知。孔子提出要"听其言而观其行"。荀子认为有价值的知识和言论必定是"有符验而可施行"的。王充认为，对于各种知识和言论，要坚持以"效验"来"订其真伪，辨其虚实"。孙中山则明确提出，认识的正确与否，不仅要通过行才能得到证明，还要对实际生活产生功用。

第四，知行并进，相资为用。关于知和行的辩证关系，中国哲学史上许多唯物主义哲学家都认识到知行并举，相互促进。其中，尤以王夫之关于"知行相资以为用""知行并进而有功"的论述最为明确和深刻。至于一些唯心主义哲学家把知行混同，是不可取的，但强调知与行不可分割这一点还是有合理之处的。如朱熹说的"知之愈明，则行之愈笃；行之愈笃，则知之益明"，王守仁提出的"知是行的主意，行是知的功夫，知是行之始，行是知之成"。

中国传统哲学中的知行观由于受当时社会条件的限制，难免带有历史局限性，但他们所提出的许多深刻的见解，对于我们仍具有启发意义。思政课社会活动教学，从中国传统文化的角度来看，就是倡导知行结合、行知统一、以知促行、以行见知。

三、“从做中学”的教育思想

“从做中学”是美国现代著名的实用主义教育家杜威（1859—1952）全部教学理论的基本原则。杜威认为，“所有的学习都是行动的副产品，所以教师要通过‘做’，促使学生思考，从而学得知识”。杜威把“从做中学”贯穿到教学领域的各个主要方面中去，诸如教学过程、课程、教学方法、教学组织形式等，都以“从做中学”的要求为基础，形成了“不仅塑造了现代的美国教育，而且影响了全世界”的活动课程和活动教学。

“从做中学”是对传统旧教育进行全面否定的一个中心论据。杜威全面地批评了传统的教育，指出这种教育只是从外面对儿童进行灌输，所用教材和教法与儿童本身的需要没有联系。儿童的学习过程只是生吞活剥书本上的和成人经验中的东西，教学始终置儿童于被动地位，压制儿童个性，不考虑儿童心理发展的特征。他提出，要重视儿童本身的能力和主动精神在教学过程中的地位，把他们看成教育的素材和出发点。杜威针对传统教学仅仅以学习前人知识为中心、以课堂系统讲授为中心、以教师主导作用为中心，提出了以活动教学代替课堂讲授、以儿童亲身经历代替书本知识、以学生的主动活动代替教师主导的现代教育新的“三中心”，进而突现了他“儿童中心主义”的教育原则。

“教学做合一”是被毛泽东誉为“伟大的人民教育家”陶行知先生（1891—1946）所创建的“生活教育”理论体系中最富有建设性、最具有可操作性的分支理论。“教学做合一”的含义是“教的法子要根据学的法子，学的法子要根据做的法子。事怎样做就怎样学，怎样学就怎样教，教与学都以做为中心。在做上教是先生，在做上学是学生”。在陶行知先生的理论中，“教学做合一”实际包括三层意思：一是指方法，事怎样做就怎样学，怎样学就怎样教；二是指关系，对事说是做，对己说是学，对人说是教；三是指目标，教育不是教人学，而是教人学做事。他同时强调，教学做是一件事，不是三件事，而“做”是根本，是中心。“教学做合一”是陶行知改造旧教育、创造新教育的锐利武器。

陶行知是杜威的学生，“教学做合一”的直接源头便是“从做中学。”陶行知为了改造中国的教育，从杜威那里学习继承了许多合理的积极的对中国有用的东西。

“教学做合一”的斗争矛头也是直指旧的传统教育的。传统教育是脱离生活、脱离劳动的“教死书、死教书、教书死、读死书、死读书、读书死”的教育，这种教育所造成的社会是“做死工、死做工、做工死”的社会。陶行知说：“教学做合一是生活现象之说明，即教育现象之说明。在生活里，对事说是做，对己之长进说是学，对人之影响说是教。教学做只是一种生活之三方面，不是三个各不相谋的过程。”“教学做合一是生活法，也是教育法。”“我们要在做上教，在做上学。在做上教的是先生；在做上学的是学生。从先生对学生的关系说，做便是教；从学生对先生的关系说，做便是学。先生拿做来教，乃真教；学生拿做来学，方是实学。”这就把教育与生活紧密联系在一起，与劳动生产紧密联系在一起了。

思政课社会活动教学，就是倡导教师在做上教，学生在做上学，促使教师在教学中把理论与实践相结合，教得生动、具体、明白和透彻，促使学生在学习中把知识与实践相结合，做到真学、真懂、真信和真行。

四、学生发展核心素养理论

在教育3.0时代，培养学生21世纪核心素养业已成为世界各国所面临的共同主题。OECD教育政策特别顾问安德烈亚斯·施莱歇尔（Andreas Schleicher）教授在梳理各国基础教育创新政策后指出：21世纪所必须习得的素养，涵盖了知识、技能和个人品性，具体包括创造力、批判性思维、问题解决、创新、协作、数据搜集与沟通等方面的能力。在新形势下，各国政府都重新审视人才培养目标，对21世纪的核心素养分别做了相应的表述。

欧洲议会和欧盟教育理事会通过的《终身学习关键能力——欧洲参照框架》指出，基础教育阶段要培养的学生的能力包括：母语交流能力、外语交流能力、数学能力及科学和技术基本能力、数字化能力、学会学习能力、社会和公民能力、首创精神和创业能力、文化意识和表达能力等八种能力。以此为核心，培养素质全面的合格公民。

《美国国家教育技术计划》提出，21世纪人才应具备的能力素质包括批判性思维能力、复杂问题解决能力、协作能力和多媒体通信能力。2012年8月，美国国家科学院的最新报告将21世纪技能分为三大类：认知技能（如批判思考、分析推理等）、人际关系技能（如团队合作和沟通能力等）和个人内在技能（即自我表达，包含自我觉察的反省能力及诚实耿直的品性等）。其中，批判性思维和问题解决能力、创新能力、沟通和协作能力、信息技术技能等被公认为是教育系统应该重点关注的21世纪技能。

2014年4月，新加坡教育部发布了《新加坡学生21世纪技能和目标框架》，将核心技能分为三个层次。首先，居于中心位置的是核心价值观。价值观是知识和技能的基础，决定一个人的性格特点，塑造一个人的信仰、态度和行为。其次，居于中间环节的是社交和情感技能，它帮助学生识别和管理情绪，学习关心他人，做出负责任的决定，建立积极的人际关系，以及有效处理各种挑战。最后，居于外环的是全球化技能，包括公民素养，全球化意识和跨文化技能，批判性和创新性思维，沟通、合作和信息技能。

中国教育部于2016年9月正式出台的《中国学生发展核心素养》指出：中国学生发展核心素养，以科学性、时代性和民族性为基本原则，以培养全面发展的人为核心。学生发展核心素养分为文化基础、自主发展、社会参与三个方面。综合表现分为人文底蕴、科学精神、学会学习、健康生活、责任担当、实践创新六大素养，涵盖了理性思维、批判质疑、勇于探究、信息意识、国家认同、国际理解、问题解决等多方面内容。文化基础、自主发展、社会参与三个方面虽有差异，但彼此关联，互为补充、相互影响、互相支撑，是一个有机的整体。

各国基于未来社会学生核心素养的研究和成果，虽然表述不同，但都有内在的一致性，都注重学生全面发展和通用能力的培养，而这些能力和素养归根结底都要在实践中提升和达成。思政课社会活动教学，最终落点也是学生核心素养的培育，尤其是思政学科核心素养的培育。思政学科的核心素养包括政治认同、科学精神、法治意识和社会参与，四者相互统一，而政治认同、科学精神和法治意识都要在社会参与中实现，思政课社会活动教学，就是引导学生积极开展各种社会活动，并在这一过程不断提升政治认同、科学精神和法治意识，不断提高社会参与的能力。

第二章　社会活动教学的理论和方法支持

一、深度学习与批判性思维

深度学习最早起源于布鲁姆的目标教学。1956 年，布鲁姆（Bloom）等人在《教育目标分类学》一书中把认知领域分为知道、领会、应用、分析、综合、评价六个层次。一般认为，知道、领会属于低阶思维，即浅层学习；应用、分析、综合、评价则属于高阶思维。2001 年，布鲁姆的学生安德森（Anderson）等人进一步在布鲁姆目标教学的基础上把认知过程分为记忆、理解、应用、分析、评价、创造六个层次。一般认为，记忆、理解属于低阶思维，应用、分析、评价、创造则属于高阶思维。

深度学习理论经过不断发展，逐渐运用到具体的学科课程教学实践中。深度学习强调引导学生主动参与学习活动，亲身经历知识发现、发生、发展的过程，形成丰富的内心体验；强调着眼于学科的基本思想和方法，向学生提供具有典型意义的例证和学习材料；强调对教学内容的结构化，帮助学生全面把握知识的内在联系；强调为学生创设适当的具有真实情境的活动，提供解决真实问题的机会，促进知识的实践转化和综合应用；强调正确的价值立场与价值判断，关注教学的价值取向，引导学会理解、反思所学习的内容与过程，进而形成积极的社会性情感、态度与责任感。

思政课开展社会活动教学，就是要引导学生直面社会生活和真实问题，在真实情境中主动参与学习活动，亲身经历理论的发现、发生和发展，形成结构化的知识和正确的价值观，并积极应用于问题的分析和解决，并在这个过程中提升应用、分析、评价、创造等高阶思维能力，塑造批判性思维，实现深度学习。

二、探究性学习与知识构建

探究性学习是一种积极的学习过程，是从学科领域或现实生活中选择和确定研究主题，在教学中创设一种类似于学术研究的情境，学生通过自主、独立地发现问题，实验，操作，调查，信息收集与处理，表达与交流等探索活动，获得知识、技能、情感与态度的发展，特别是探索精神和创新能力发展的学习方式和学习过程。它是以“以学生发展为本”的教学思想为理论基础的教学模式，是一种强调学习过程的教学。而教师则由知识的传播者转变成了学生学习的组织者、指导者、促进者和参与者。

思政课开展的社会活动教学，本质上也是探究性学习，引导学生从现实生活中确定真实问题，基于真实情境开展讨论、辨析或调查、研究，并在这一过程中形成正确的态度、价值观，构建基于思政课基本概念、原理的程序性知识和元认知知识，而教师则要全程做好学生学习的组织者、指导者、促进者和参与者。

三、体验式学习与情感联接

体验式学习是让学习者参与实践活动，通过亲身经历和感受，全身心投入学习，获取知识和技能的教育方法。它注重学习者的主体性和参与性，强调学习的乐趣和情感体验，通过实践、体验和反思促进学习者的全面发展。体验式学习可用于所有学科和领域的教育，无论是在课堂、户外还是现场。

体验式学习具有以下显著特点：一是参与性，体验式学习强调学习者的主动参与和主体性，使学习者成为学习过程的主导者；二是情感性，体验式学习注重学习者的情感体验，通过情感刺激、情感共鸣，增强学习的吸引力和内在动力；三是实践性，体验式学习要求学习者通过实际行动和实践活动获得经验和知识，从而更好地理解和掌握学习内容；四是反思性，体验式学习强调学习者的反思和思考，鼓励学习者深入理解和内化所学知识；五是全面性，体验式学习注重整体性和全面性，强调知识、技能、情感和态度的全面发展。

思政课也可以基于体验式学习开展社会活动教学。如可以在充分挖掘学校优势和学科特色的基础上，在校内建设实践空间、互动场所等，以润物无声的方式让学生坚定理想信念，感悟知识真谛，实现全面发展；也可以开拓校外实践基地，把思政课堂搬到现实场景中，借助博物馆、革命烈士纪念馆、爱国教育纪念馆、校企合作实践基地等，强化问题意识，突出实践导向，定期组织学生开展实地调研，提升学生知识迁移运用能力。

四、项目式学习与问题解决

项目式学习（Project-based Learning，PBL）是一种教学方式，其将学生置于探究型的学习环境中，通过完成具有挑战性的项目来达到学习目标。学生通过吸收、整合和应用知识来解决某个具体问题或任务，从而提高问题解决和创新能力，并增强自主学习和合作学习的能力。项目式学习的特征在于：以学生为中心，主动参与学习过程；以实际问题为导向，通过项目探索解决现实挑战；强调合作学习，培养团队协作能力；注重自主学习，培养学生的问题解决和创新思维；以成果展示为学习评估方式，反映学生的综合能力。

近年来，项目式学习已成为基础教育深化课程教学改革、落实实践育人要求的重要方向。2019 年中共中央、国务院印发《关于深化教育教学改革全面提高义务教育质量的意见》，其中提出“探索基于学科的课程综合化教学，开展研究型、项目化、合作式学习”。新颁布的《义务教育课程方案和课程标准（2022 年版）》明确提出要深化教学改革，强化学科实践，基于真实情境，培养学生综合运用知识解决问题的能力；并提出要推进综合学习，探索大单元教学，开展主题化、项目式学习等综合性教学活动，促进学生举一反三、融会贯通，加强知识间内在关联，促进知识结构化。

思政课也可以基于项目式学习开展社会活动教学。所谓社会活动教学，是指以学生的成长为主线，以社会现实生活为载体，在真实情境中围绕与学科或跨学科有关的驱动性问题，进行深入持续探索的学习活动。其设计基于课程标准要求，与教材内容相联系，注重学生生活经验，关注学生生活体验，强调学生的亲身经历。学生调动自身知识、能力、品质等，创造性地解决新问题，在做中学，在用中学，形成对核心知识和学习历程的深刻理解，并将获得的知识和能力在新情境中进行迁移，最终提高学科核心素养。

第三章 思政课社会活动教学的基本界定

一、从学科课程到活动型学科课程的转型

（一）转型的背景

2018年1月，教育部发布《普通高中思想政治课程标准（2017年版）》，提出高中思想政治要“构建以培育思想政治学科核心素养为主导的活动型学科课程”，学科内容采取思维活动和社会活动等方式呈现，通过活动的结构化设计与实施，实现“课程内容活动化”和“活动内容课程化”，促进学生转变学习方式，培养创新精神，增强合作意识，提高实践能力。

对照高中思政课新课程标准的要求，传统的思政课教学方式逐渐显露出其局限性，如过于注重理论讲授、忽视学生实践能力的培养等。活动型学科课程的提出，旨在通过活动设计的方式呈现课程内容，将理论知识与实践活动相结合，以提高学生的参与度、实践能力和综合素质。这一转型对于提升思政课的教学效果、培养学生的核心素养具有重要意义。

（二）思政课社会活动教学的基本内涵与主要形式

高中思想政治新课标视域下的社会活动教学指导学生以核心素养目标为指引，从客观真实生活和自身发展需要出发，有目的、有计划地参与各类具体的社会活动，经历活动的设计、参与、记录、反思、总结、提升、交流、分享等环节，并在这一过程中不断学习知识、提升能力、习得素养。

思政课社会教学相对于传统以思维活动为主的教学而言，更加强调教学与社会的关联、与实践的关联，体现了思维活动与社会实践活动的高度融合和统一，其形式可以从两个维度呈现：一是融入学校小课堂的社会活动教学，运用深度学习、议题式

教学、故事化教学等策略，以典型课例为载体，阐述探究型、辩论式、角色类、游戏化等课堂教学中社会活动的设计、实施与评价；二是走向社会大课堂的社会活动教学，运用研究性学习、体验式学习、项目式学习等策略，以典型案例为载体，阐述社会调查、社会服务、模拟社团、研学实践、职业体验等社会活动教学的组织、实施与评价。

实际上，学生在社会活动教学中的探究、体验、领悟、获得是丰富的、多元的，涉及对多方面生活经验和多学科知识的综合理解和运用，体现的正是学科教学与综合实践的相互融合、相互促进。

（三）思政课活动型学科课程转型面临的挑战

1. 教师能力不足

一是教学理念滞后。部分教师长期习惯于传统教学模式，对新的教学理念和方法接受度不高，难以快速适应活动型学科课程的教学要求。

二是专业知识与技能欠缺。活动型学科课程要求教师具备丰富的实践经验和跨学科知识，而当前部分教师在这些方面存在不足。

三是活动设计与组织能力。设计有效且富有吸引力的活动，以及组织学生进行高效、有序的活动，对教师来说是一项新的挑战。

2. 资源比较短缺

一是物质资源比较短缺。活动型学科课程的实施需要一定的物质条件支持，如场地、设备、器材等。然而，部分学校在这方面的投入有限，难以满足教学需求。

二是人力资源比较短缺。除了教师资源外，还需要其他专业人员（如辅导员、校外专家等）的参与和支持。然而，这些人力资源的获取和调配往往存在困难。

三是课程资源比较短缺。适合活动型学科课程的教材、案例、素材等资源相对匮乏，需要教师自行开发和整理。

3. 评价体系尚不完善

一是评价标准单一。传统评价体系过于注重考试成绩，难以全面反映学生在活动型学科课程中的表现和收获。

二是评价过程复杂。活动型学科课程的评价需要综合考虑多个方面和多个环节，评价过程相对复杂且耗时较长。

（四）思政课活动型学科课程的转型路径

1. 理念转变：强调以学生为中心的先进教学理念

一是从传统到现代的跨越。传统思政课堂往往以教师为中心，注重知识的单向传授；活动型学科课程要求教师转变角色，成为学习的引导者和促进者，将学生的“学”置于核心地位。这意味着教师需要关注学生的个体差异，激发学生的学习兴趣，鼓励学生主动探索和实践。

二是真正确立学生的主体地位。在活动型思政课程中，学生不再是被动接受知识的容器，而是成为学习的主体。他们需要通过参与活动、合作交流来建构自己的知识体系，培养批判性思维和解决问题的能力。

三是持续学习与反思。教师需要不断学习和反思，以适应新的教学理念。通过参加培训、交流研讨等方式，提升自己的专业素养和教学能力，确保活动型思政课程的顺利实施。

2. 内容重构：根据活动型课程特点重构思政课内容

一是注重理论与实践相结合。在重构思政课内容时，要注重将理论知识与现实生活实践紧密结合。通过选取贴近学生生活实际、具有时代特色的案例和素材，使理论知识更加生动具体，易于学生理解和接受。

二是推动课程内容活动化设计。将课程内容以活动设计的形式呈现，如主题讨论、角色扮演、案例分析、社会调查等。这些活动应围绕教学目标展开，旨在培养学生的综合能力和核心素养。

三是推进跨学科融合。鼓励思政课与其他学科的融合，如历史、文化、社会等。通过跨学科的学习，学生可以更全面地理解思政知识，形成更加完整和深刻的认识。

3. 方法创新：引入多样化教学方法

一是积极开展社会实践活动。组织学生进行社会实践活动、志愿服务、职业体验等，让学生在实践中学习和运用思政知识。这些活动可以增强学生的社会责任感和实践能力。

二是创设模拟情境。利用模拟人大、模拟政协、模拟法庭、模拟联合国等形式，让学生在模拟情境中扮演不同角色，体验政治生活和社会治理的过程。这种方法可以帮助学生更好地理解政治制度和社会现象。

三是善用信息化、数字化技术。利用多媒体、网络等信息技术手段，丰富教学手段和教学资源；运用视频、音频、动画等多媒体形式展示思政课内容，使课堂更加丰富多彩、生动有趣。

4. 资源整合：整合校内外资源支持课程实施

一是整合校内资源。充分利用学校图书馆、实验室、实训基地等教学资源，为活动型思政课程的实施提供物质保障。同时，加强与其他学科教师的合作与交流，实现资源共享和优势互补。

二是整合校外资源。积极寻求与社区、企业、政府等机构的合作机会，建立校外实践基地和合作平台。组织学生参与社区服务、企业实习等活动，拓宽学生的视野和知识面。

三是整合社会资源。利用网络资源、媒体资源等社会资源，为学生提供更加丰富的学习材料和信息来源。同时，鼓励学生参与网络讨论、在线学习等活动，培养他们的自主学习能力和信息素养。

5. 评价改革：建立多元化评价体系

一是融入多元化评价内容。除了传统的考试成绩外，还应将学生的实践活动表现、团队合作能力、创新思维等纳入评价体系中。这些方面能够更全面地反映学生的学习成果和综合素质。

二是过程性评价与结果性评价相结合。注重对学生学习过程的评价，关注学生在学习过程中的表现和努力程度。同时，也要关注学生的学习成果和最终成绩，确保评价的全面性和公正性。

三是学生自评与互评相结合。鼓励学生进行自我评价和相互评价，培养他们的自我评价能力和批判性思维。通过自评和互评，学生可以更清晰地认识自己的优点和不足，明确未来的努力方向。

二、思政课社会活动教学的基本特征

思政课社会活动教学，是指在教学过程中通过组织学生参与各种社会实践活动，将理论知识与社会现实相结合，以促进学生全面发展为目标的一种教学模式。这种模式不仅丰富了思政课的教学内容和方法，也为学生提供了更加广阔的学习空间和实践平台。因此，深入研究思政课社会活动教学的基本特征，对于推动思政课教学改革、提高思政课教学实效具有重要意义。

（一）实践性：理论与实践的深度融合

1. 理论知识的现实应用

思政课社会活动教学的首要特征在于其实践性。这种实践性体现在将理论知识与社会现实紧密结合，让学生在实践中理解和运用所学知识。通过参与社会实践活动，学生能够将课堂上学到的理论知识转化为解决实际问题的能力，从而增强学习的针对性和实效性。例如，在“环境保护”主题的社会活动中，学生可以深入社区、工厂等地进行实地调研，了解环境问题的现状、成因及影响，进而提出切实可行的解决方案。这一过程不仅加深了学生对环境保护理论的认识，也培养了他们的实践能力和社会责任感。

2. 亲身体验的深刻感悟

实践活动为学生提供了亲身体验的机会，使他们能够在实践中获得更加深刻的感悟。与单纯的课堂讲授相比，实践活动更能激发学生的学习兴趣和参与热情。在参与社会活动的过程中，学生会遇到各种各样的问题和挑战，需要他们运用所学知识进行思考和解决。这种亲身体验的过程不仅有助于学生理解和掌握理论知识，还能培养他们的创新思维和解决问题的能力。同时，通过实践活动，学生还能深刻感受到社会的复杂性和多样性，增强他们的社会适应能力和责任感。

（二）主体性：学生主体地位的凸显

1. 从被动接受到主动探索

在思政课社会活动教学中，学生的主体地位得到了充分的凸显。与传统的学科课程不同，社会活动教学更加注重学生的主动性和参与性。学生不再是被动的知识接受者，而是成为学习的主体和活动的参与者。他们可以根据自己的兴趣和特长选择适合自己的社会活动项目，并在活动中发挥自己的主观能动性和创造力。这种教学模式不仅有助于激发学生的学习兴趣和动力，还能培养他们的自主学习能力和创新精神。

2. 合作与交流的共同学习

社会活动教学还强调学生之间的合作与交流。在参与社会活动的过程中，学生需要与同伴进行密切的合作和沟通，共同完成任务和解决问题。这种合作与交流的过程不仅有助于培养学生的团队协作能力和沟通能力，还能让他们在相互学习和借鉴中不断成长和进步。同时，通过合作与交流，学生还能更好地理解和认同他人的观点和立场，增强他们的社会认同感和归属感。

（三）综合性：知识、能力与素质的全面提升

1. 知识体系的拓展与深化

思政课社会活动教学具有综合性的特点。这种综合性首先体现在知识体系的拓展与深化上。通过参与社会实践活动，学生不仅能够学习和掌握与思政课相关的理论知识，还能接触到其他领域的知识和技能。这种跨学科的学习不仅有助于拓宽学生的知识面和视野，还能培养他们的综合素质和创新能力。同时，社会实践活动还能帮助学生将所学知识进行综合运用和整合，形成完整的知识体系。

2. 能力结构的优化与提升

除了知识体系的拓展与深化外，思政课社会活动教学还能帮助学生优化和提升能力结构。在参与社会实践活动的过程中，学生需要运用各种能力来解决问题和完成任务。这些能力包括观察能力、分析能力、判断能力、决策能力、沟通能力、团队协作能力等。通过不断地实践锻炼和反思总结，学生的这些能力会得到不断地优化和提升。这种能力结构的优化与提升不仅有助于学生在未来的学习和工作中更加得心应手地应对各种挑战和困难，还能为他们的终身发展奠定坚实的基础。

3. 价值观念的塑造与引导

思政课社会活动教学还具有塑造和引导学生价值观念的重要作用。在参与社会实践活动的过程中，学生会接触到各种社会现象和问题，需要他们运用所学知识进行思考和判断。这种思考和判断的过程不仅有助于培养学生的批判性思维和独立思考能力，还能引导他们形成正确的世界观、人生观和价值观。同时，通过参与社会实践活动，学生还能更加深入地了解社会、认识国情、关注民生，从而增强他们的社会责任感和使命感。这种价值观念的塑造与引导对于培养学生的公民素养和社会责任感具有重要意义。

（四）创新性：教学模式与方法的不断探索

1. 教学模式的多样化

思政课社会活动教学在教学模式上呈现出多样化的特点。根据不同的教学目标和内容要求，教师可以灵活选择适合的教学模式来开展教学活动。例如，可以采用项目

式学习、探究式学习、合作式学习等多种教学模式来引导学生参与社会实践活动。这些教学模式不仅有助于激发学生的学习兴趣和动力，还能培养他们的自主学习能力和创新精神。同时，多样化的教学模式还能满足不同学生的需求和特点，实现因材施教和个性化教学的目标。

2. 教学方法的灵活性

除了教学模式的多样化外，思政课社会活动教学在教学方法上也具有灵活性的特点。教师可以根据教学实际情况和学生特点灵活运用多种教学方法来开展教学活动。例如，可以采用案例分析、角色扮演、模拟演练等多种教学方法来帮助学生理解和掌握知识。

三、思政课社会活动教学的主要原则

（一）实践性原则

实践性是思政课活动型学科课程最显著的特征，其核心在于“实践”二字。思政课社会活动教学不仅仅停留在理论知识的传授上，更要通过社会活动的形式，让学生将所学知识应用于实际情境中，通过亲身体验和实际操作来深化对理论的理解。这一原则体现了马克思主义认识论的基本原理，即实践是认识的基础和来源，也是检验认识真理性的唯一标准。在思政课社会活动教学中贯彻实践性原则，有助于增强学生的社会责任感、使命感和实践能力。

实践性原则具体表现在以下方面：

1. 理论与实践相结合

思政课社会活动教学应在科学理论的指导下进行，确保实践活动的方向正确、目标明确。通过实践活动，学生可以更好地理解和运用课堂上学到的理论知识，使理论知识在实践中得到验证和深化。

学生在实践活动中遇到的问题和困难，会促使他们回到课堂寻找答案，从而加深对理论知识的理解和掌握。这种理论与实践的相互促进，有助于形成良性循环，提高思政课的教学效果。

2. 亲身体验与感悟

教师应努力创设贴近学生生活实际和社会实际的实践情境，让学生在情境中感受和体验理论知识的应用价值，更直观地理解理论知识的现实意义和重要性。

在实践活动中，学生会经历各种挑战和困难，这些经历会让他们对人生、社会和国家有更深刻的认识和感悟。这些感悟不仅有助于他们树立正确的世界观、人生观和价值观，还能够激发他们的爱国热情和社会责任感。

3. 增强实践能力

思政课的社会活动教学应鼓励学生动手操作、亲身体验，通过实践活动来锻炼和提升实践能力。例如，组织学生进行社会调查、志愿服务等活动，让他们在实践中学会如何收集信息、分析问题、解决问题等。

实践活动还应鼓励学生发挥创新精神和创造力，让他们在实践中探索新的思路和方法。这种创新创造的过程不仅能够培养学生的创新意识和能力，还能够为他们未来的学习和工作打下坚实的实践性基础。

（二）主体性原则

思政课社会活动教学，强调在教学过程中充分尊重并发挥学生作为学习主体的地位和作用，通过引导学生积极参与社会活动，激发他们的学习主动性和创造力，以实现教学目标的最大化。

主体性原则具体表现在以下三个方面。

1. 构建以学生为中心的教学模式

在思政课社会活动教学中，教师应明确学生的主体地位，尊重学生的个性差异和兴趣爱好，为学生提供自主选择活动内容和形式的机会。通过引导学生积极参与活动设计、实施和评价等环节，使他们在实践中体验到学习的乐趣和成就感。

教师应采用多种教学方法和手段，如启发式、讨论式、案例式等，激发学生的学习兴趣和主动性。通过引导学生主动思考、积极探究、合作交流等方式，培养他们的自主学习能力、创新精神和批判性思维。同时，教师还应关注学生的情感体验和心理需求，为他们提供必要的支持和帮助。

在思政课社会活动教学中，教师应为学生创造更多的实践机会和平台，让他们在实践中发挥自己的特长和优势。通过组织社会实践活动、志愿服务、课题研究等活动，让学生亲身体验社会、了解国情、增长才干。同时，教师还应鼓励学生参与社会实践活动的组织和策划工作，培养他们的组织协调能力和团队合作精神。

2. 加强师生互动和合作

在思政课社会活动教学中，教师应加强与学生的互动和合作。通过与学生建立平等、和谐的师生关系，鼓励学生表达自己的观点和想法。同时，教师还应关注学生的实践体验和感受，及时给予反馈和指导。通过师生互动和合作，教师可以更好地了解学生的学习情况和需求，为他们的学习提供更有针对性的支持和帮助。

3. 注重过程性评价和反馈

在思政课社会活动教学中，教师应注重过程性评价和反馈。通过关注学生在实践活动中的表现、参与度和合作精神等方面进行评价和反馈，帮助学生发现自己的优点和不足并制定相应的改进计划。同时，教师还应鼓励学生进行自我评价和同伴评价等多元化评价方式的应用，培养他们的自我反思能力和批判性思维。

（三）综合性原则

思政课社会活动教学注重多学科知识的融合与交叉，以及学生全面发展的需求，通过综合性的社会活动设计，促进学生在思想、政治、道德、文化等多个方面的综合提升。

综合性原则的具体表现如下。

1. 活动内容的综合性

思政课社会活动的内容应涉及多个领域和层面，如社会热点、历史事件、文化现象等。通过综合呈现这些内容，引导学生从不同角度思考问题，培养他们的综合分析能力。

同时，活动内容还应注重与学生实际生活的联系，使他们在参与活动的过程中能够感受到知识的实用性和价值性。

2. 活动形式的综合性

为了满足学生多样化的学习需求，思政课社会活动应采用多种形式的教学方法，如实地考察、社会调查、模拟法庭、角色扮演等。这些形式不仅可以激发学生的学习兴趣和积极性，还可以使他们在实践中获得更深刻的体验和感悟。

3. 评价体系的全面性

综合性原则要求建立全面的评价体系，对学生的活动表现进行多维度、多层次的评价。评价体系应包括学生的参与度、合作能力、创新能力、实践能力等多个方面，以确保评价的全面性和公正性。

（四）针对性原则

思政课社会活动教学，强调根据学生的学习需求、兴趣特点以及社会实际，设计并实施具有明确目标和针对性的社会活动，以提高学生的思想政治素质和综合能力。

针对性原则的具体表现如下。

1. 活动内容的针对性

活动内容应贴近学生的生活实际和思想实际，关注他们的关注点、困惑点和需求点，使他们能够在参与活动的过程中产生共鸣和感悟。

2. 聚焦关键问题解决

针对学生在思想政治方面存在的关键问题，如理想信念模糊、价值取向扭曲、社会责任感缺失等，设计具有针对性的活动内容，引导他们树立正确的世界观、人生观和价值观。

3. 分层次的实践活动

针对不同年级、不同专业的学生，设计不同层次的实践活动，如志愿服务、社会调查、课题研究等，以满足他们不同的发展需求。

4. 个性化的反馈指导

针对每个学生的特点和表现，给予个性化的反馈和指导，帮助他们发现自己的优点和不足，并制定相应的改进计划。

（五）创新性原则

思政课社会活动教学，强调不断探索和实践新的教学理念、方法、手段，以激发学生的学习兴趣，提升教学效果，培养学生的创新思维和实践能力。

创新性原则的具体表现在以下方面。

1. 教学理念和主张的创新

强调以学生为中心，注重学生的主体性和参与性，打破传统灌输式的教学模式，倡导启发式、探究式、讨论式等新型教学模式。

2. 教学内容和方法的创新

结合时代特点和社会实际，不断更新和丰富教学内容，引入新的思政元素和案例，使教学更加贴近学生生活和社会现实。针对学生的不同需求和兴趣点，设计个性化的活动方案，以满足学生的多样化需求。采用项目式学习、探究式学习、合作式学习等新型教学模式，激发学生的学习兴趣和动力。采用多样化的教学方法和手段，如案例分析、角色扮演、实地考察、社会实践等，以增强学生的实践能力和创新精神。

3. 教学评价的创新

建立多维度的评价体系，不仅关注学生的知识掌握情况，还注重评价学生的实践能力、创新精神和综合素质。注重对学生学习过程的评价，关注学生的参与度、合作精神和创新思维等方面的表现。

四、开展思政课社会活动教学的意义

高中思想政治课通过社会实践开展活动型教学，对于提高教学实效性、强化学生核心素养、促进个性化发展以及培育学术精神，都具有十分重要的意义。

激发学习兴趣，增强学习动力。自 2004 年高中课程改革以来，高中思想政治新编教材以“生活逻辑”为主线，通过营造大量“类生活”的探究情境和应用情境，强化学科知识和社会生活的关系，增强了课程的吸引力，提升了学生的学习情趣。社会活动教学则在此基础上，进一步把教材、教学同学生的实际生活连接起来，充分尊重学生的经验和感受，从学生的生活情境和发展需要出发，引导学生在社会实践中发现问题、解决问题，增强实践能力，通过接触社会、探究社会、服务社会，体悟自身价值，进一步激发学生的学习主动性、积极性。

彰显个性潜能，促进适性发展。由于社会活动教学具有自主性和开放性，学生在实践活动中，就某一问题或现象的研究和分析，可谓仁者见仁、智者见智，对某一项活动的设计和参与，可谓各展所长、各尽所能。因此，在整个社会活动教学中，学生会自觉、主动地展示自己的智慧和才华，力求得到老师和同学的认可。特别是一些文化课成绩不算好而又具有较强的组织能力、行动能力和吃苦耐劳精神的学生，他们更希望通过社会活动教学展现自己的价值，重塑自己的形象，这有利于增强他们在整个高中学习进程中的自信心。

强化核心素养，发展关键能力。学生的社会活动教学过程，本质上是一个将思想政治观念和道德行为规范既内化又外化的过程，即将思想政治观念和道德行为规范内化为自身的思想观念和道德信念，并在这种观念和信念的推动下，转化为自己的政治信仰和道德行为习惯，外化于社会，从而从根本上解决“信不信”与“行不行”的问题。政治认同、科学精神、法治意识、公共参与作为高中思想政治的学科核心素养，不仅要让学生内化于知，更要学生外化于行。在社会活动教学中，学生面对各种现实主题和任务，处理纷繁芜杂的资料和信息，调适个人与自然、个人与社会的关系，获得有关国家政治、经济、文化生活的积极体验，从而不断地提升学习认知力、政治认同度、价值判断力、沟通合作能力、社会参与能力等核心素养和关键能力，促进自身的全面发展和健康发展。

培养求是精神，培育学术素养。学生参加社会活动教学，尤其是参与社会调查、研学实践等活动，在加深相关学科知识理解和体验的同时，又能形成尊重事实、善于质疑的态度，不盲从于权威，增强实事求是的精神。在这个过程中，学生能对个人感兴趣的领域开展广泛的实践探索，提出具有一定新意和深度的问题，综合运用知识分析问题，用科学方法开展研究，并及时对研究过程及研究结果进行审视、反思并优化调整，建构基于证据的、具有说服力的解释，形成比较规范的研究报告或其他形式的研究成果，从中体悟学术规范的基本要求，培育初步的学术素养。

第二部分

分论：思政课社会活动教学的实施路径

第四章　融入学校小课堂的社会活动教学

当前，“大思政课”视域下推进“学校小课堂”与“社会大课堂”有机结合是推动思政教育常态化、提升育人质量的有效途径。作为传统思政教育主阵地的“学校小课堂”，是“大思政课”系统中的基础性要素。那么，如何开展融入学校小课堂的社会活动教学？笔者认为，应当从学习目标、学习主题、学习情境、学习活动、学习评价五个维度来探讨融入学校小课堂的社会活动教学路径。

一、基本路径

（一）基于学科素养确立学习目标

1. 从教学目标到学习目标

教学目标的制订是整个教学设计过程中的关键步骤，是教学活动得以展开的出发点和归宿。基于学生中心的新课程学习观，我们进一步将“教学目标”表述为“素养导向的学习目标”，并且将学习目标置于当前课程改革所倡导的大单元教学视野下来探讨。

素养导向的学习目标是指学生在完成单元学习的过程中和结束后，获得的学科核心素养具体表现的应然状态，是期望学生通过学习、感悟和体验能够达到的目标。素养导向的学习目标首先指向的是单元学习目标，其次才是其统领之下的课时学习目标。但不论是大单元教学还是课时教学，都需要通过设定具体、可衡量的学习目标。那么，单元学习目标是什么，包含哪些构成要素？素养导向的学习目标怎么确立？如何规范撰写呢？

单元学习目标呈现的是一种预期学习结果和最终学习成效，也就是“学完这个单元后，学生能获得什么样的学习成果，形成何种素养”。这一方面告诉我们，预期学习结果一定是“学生学到了什么”，而不是“教师教了什么”。例如，学习目标不能写成“观看《长津湖》，帮助学生廓清迷雾和抵制历史虚无主义，培育历史自信”。另一方面，预期学习结果是指“学到了什么”，而不是“学了什么”，因此学习目标不能写成“观看采访莞香传承人的视频，开展小组探究活动，总结提炼出富有针对性的建议”等学习行为。

2. 学习目标确立的依据

学习目标的确立大致有三个方面的依据：学科课程课标、学生已有基础和学科教科书。确定学习目标时，不能泛泛而谈，而应该是具体、明确、可达成和可测查的。

这里重点强调的是学科课程标准。《课程标准》在关于“教学与评价建议”中指出：“本课程的实施，以课程标准为依据，以发展学生思想政治学科核心素养为目标。”“具体教学目标的制订与评价方式的选择应该聚焦学生思想政治学科核心素养的发展，整合知识与技能、过程与方法、情感态度和价值观。”由此可见，学习目标的制订必须依据《课程标准》，紧密围绕发展学生的政治认同、科学精神、法治意识和公共参与等素养。

同时，我们不仅要研读课程目标和内容要求，还要关注学业要求和学业质量。新课程标准在学习目标制定方面最大的亮点就在于《学业质量标准》的制订，《学业质量标准》为学科核心素养的总体划分标准，兼具教学指导性和备考指向性。同时，为了增强学习目标确定的科学性，我们必须认真研读新课标附录 1 中关于核心素养水平划分的四个体现进阶性的水平层次，特别是水平 3、4 的素养表现与学业要求，这将成为未来高考测评对考生基于学科内容体系整合的总要求。学生已有基础主要指教师要立足学生实际和已有知识储备。

之所以将学科教科书作为第三个依据，主要是强调教师要制订学习目标时，首先要对知识目录和内容体系有宏观的理解，因为教科书的内容编排有其富有逻辑的内在体系，本身可以作为教师实施大单元活动教学的宏观架构。

3. 学习目标的撰写

学习目标是一种结构化的素养目标。浙江大学的刘徽教授在《大概念教学》中将目标分为情感维、认知维和技能维；认为无论是哪个维度，在具体撰写时一般都包括两个部分，即内容（学习什么内容）和表现（要做到什么），有时也包括程度（达到什么样的要求）。通常用名词来陈述内容，用动词来陈述表现，用形容词来陈述程度。

用一个公式来表示其构成：具体单元目标 = 表现 + 内容（+ 程度）。在这里，刘徽教授实际上是为我们提供了一个适应于各学科教学的普遍格式，为我们思考学习目标撰写提供了有益借鉴。

为方便操作和撰写，在刘徽教授研究的基础上，我们认为应将其展开为“学习主体（学生）+ 行为条件（通过调查……）+ 行为表现（树立 / 增强……）+ 表现程度”。学习目标行为主体一定是学生，有时可以省略主语，通常以“能解释”“能树立”“能设计”等开头。行为条件是指学生完成学习目标的特定限制条件，比如“运用中国特色社会主义政治经济学的基本观点”“结合对非物质文化遗产的保护现状”“通过评析流行文化与经典文化的价值，评估现代传媒对文化传播的影响”等。在描述行为表现时，要清晰地给出学习行为或动作，比如“列举”“搜集”“阐释”“辨析”“辨别”“比较”等。表现程度主要用来评估学生的学习结果达到了什么程度，比如“调研某市场，分析市场调节的局限性，初步就如何更好发挥政府作用提出建议”。

在表述时，选用合适的动词很关键。一般来说，课程标准不仅给出了相应的表现动词，同时也描述了程度。比如，《普通高中思想政治课程标准（2017 年版 2020 年修订）》中的“学生能够结合社会实践活动，初步运用中国特色社会主义政治经济学的基本观点，观察和分析经济社会现象”。

（二）基于核心概念确定学习主题

在坚持素养导向和确立单元学习目标之后，可以进一步细化课时学习目标，通过学生持续性的学习探究活动来达成预期学习成果。若要建立起单元内部各课时之间的关联性，我们需要确立一个共同的学习主题来规划和整合单元学习。

1. 立足单元学习主题设计课堂活动

单元学习主题是指依据课程标准，围绕学科某一核心内容组织起来的，体现学科知识发展、学科思想与方法深化或认识世界的方式方法，能够激发学生深度参与学习活动、促进学生学科核心素养发展的主题[①]。教师在课时活动设计过程中应立足单元学习主题，坚持素养导向的学习目标。例如，在必修 4《哲学与文化》第三单元学习时，根据教材内容单元“文化传承与创新”的内在逻辑和学生的经验世界，确立本单元的学习主题“新时代应如何推动中华优秀传统文化的创造性转化和创新性发展”，以思

---

① 刘月霞，郭华．深度学习：走向核心素养：理论普及读本［M］．北京：教育科学出版社，2018：73.

想政治学科的议题方式进行表述并统领整个单元内每个课时的子议题。

在单元视域下，课堂活动设计要关注该学习活动对彰显单元学习主题的作用。为了让课时活动的学习目标不游离单元学习主题，教师在操作过程中可以将课时学习目标以最精要的方式加以表达，即提炼每个课时的学习主题。课时学习主题也可以称为课堂立意，是能够统帅一节课中各个环节的主要教学目标，也即一节课的灵魂。思想政治课的课堂学习主题，是学生发展政治认同、科学精神、法治意识和公共参与素养在一节课中的具体表达。

2. 提炼学科核心概念

课程标准、核心概念、教学内容、单元学习主题都影响着课堂学习主题的提炼，特别是核心概念，也称为学科大概念，它是支撑学科体系的关键要素，它们往往属于上位概念，具有较高的统摄性和更本质的观念特征。学科核心概念是构成学科体系、整合学科内容的少数关键概念。与一般学科概念相比，核心概念具有更广泛的解释力和迁移价值，是发展学生学科认识的关键点。

学科核心概念通常具有必要性、统摄性、观念性等特征。必要性指核心概念是学科体系不可或缺的组成部分，如“树立文化自信”是高中思政学科的核心概念，如果缺失文化自信视角，无论是理解传统文化的社会价值还是建设中国特色社会主义文化的路径都会缺失重要的思考角度。

统摄性指学科核心概念通常包含多个一般学科概念和很多学科事实。学生可能在学习的初期就开始接触这些核心概念，但随着学业的进展，对这些核心概念的认识也一直在发展。另外，在不同的学习阶段，学习者对学科内容的把握程度不同、理解水平不同。对于学习者来讲，还需要有不同的学科核心概念。在学习进程中，既有可能是原有的核心概念内涵得到发展，具有更强的认识功能，也有可能将原有的多个核心概念整合发展为新的核心概念，使核心概念具有更高的统摄性。

3. 基于核心概念确定学习主题

学习主题为教师创设教学活动指明方向，明确课堂学习主题也能够使课堂教学结构清晰，保证教学不偏离素养发展目标。基于学科核心概念确定学习主题，可以保证运用议题式学习的方式完成最有价值的学科知识、方法和观念的学习，使学习时间和精力得到最有效地运用。

例如，一位教师在《文化强国与文化自信》的课时活动设计中，依据《课程标准》相关内容要求与学业要求，以“增强文化自信　勇担时代重任”为素养导向和价值引领，以“推动中华优秀传统文化的‘双创’有利于增强文化自信和文化自觉”为核心概念，确定“擦亮千年莞香名片　赋能文化强市建设”的学习主题，设置“新时期应如何更好地传承和发展莞香文化”大议题，下设“悟香魂：走近莞香历史　坚定文化自信；强香业：破解发展困境　做强莞香产业；传香气：助力莞香出圈　赋能文化强市”三个层层递进的教学环节，依托乡土资源创设情境和子议题，通过现场浸润、调查学习、创意设计等探究活动，为“双万”新起点上文化强市建设建言献策，激发热爱家乡的情感，坚定传承莞香文化的自觉和自信，提升公共参与素养。这三个环节设计形成一个环环相扣、层层递进的闭环体，从课堂学生参与度、发言质量、关键能力等表现来看，均取得了较为理想的活动效果。

（三）基于学习任务设计学习情境

当前，素养目标导向下的大单元学习活动需要与之相适配的“学习情境”和“学习任务”。学习情境与学习任务正是承载大单元学习活动需要的载体，为教师实现知识架构与开展活动教学创造了条件。

1. 主题学习情境

思政小课堂视域下的学习情境是一种多元且开放的学习场域。在此情境下，学生尽情地发挥自己的聪明才智，探寻解决问题的策略，并持续深入地进行探究与思考。学生只有通过运用所学的知识，在真实情境中解决问题，完成学习任务，才能证明学科核心素养已经达成。

这种学习情境应当具备以下特征：其一，真实性。真实性并不是绝对存在的，但是意义是真实存在的。正如杨向东教授所说：“所谓真实情境，其本质是心理意义上的，是指那些贴近学生既有经验且符合其当下兴趣的特定环境。这样整合性的真实情境，搭建了学生所处日常生活实践与学校课程学习之间的桥梁，赋予学生学习生活的真实情境。”其二，适切性。情境可以是学生相对熟悉的，也可以是陌生的；可以是相对简单的，也可以是复杂的。只要能够调动学生的知识基础与生活经验，激发学生学习兴趣和参与热情，使其沉浸到情境之中，就是适切的情境。例如，一位教师围绕“如何跳出历史兴衰律，巩固党的长期执政地位，确保权力始终用来为人民谋幸福”的核心议题，引导学生搜集和提炼毛泽东与郭沫若、顾炎武等历史人物的对话，设计了“甲申对→枣园对→窑洞对→赶考对”四个环节，精心设计体现逻辑进路、环环相扣的活动任务链——“致郭老的一封回信；回复陈云的问题；新赶考路上在‘四次对话’中汲取人生智慧”。该活动设计在浸润式的情境体验中，充分调动了学生积极性和参与性，使其主动且深刻地投入学习内容当中。

2. 学习任务的设计

学习任务是根据单元教学目标，依托学习情境，贯穿教学活动的始终来引导学习活动的任务。学科任务要以学生的学习为主线，通过问题对知识进行解构重组，引导学生主动地进行探究、讨论，寻找问题的答案，开展富含创造性且有深度的学习活动。

依据单元学习不同阶段的定位，又可以把单元任务进行有逻辑地分解，形成若干个具有连贯性的子任务，从而构建起大任务统领子任务、子任务形成任务串的系统性的大学习格局。例如，在《文化强国与文化自信》中，“新时代如何传承和发展莞香文化”作为大任务，下设“寻香之旅，介绍文化价值”“传香之道，寻找破解办法”“兴香之策，撰写推介文案”三个连贯性的子任务。活动中，学生在不断推进的学习支架下，逐渐形成莞香传承的立体化认知，并在积极反思、比较、角色代入的活动体验中提升了公共参与素养和勇于担当的责任感和使命感。

同时，学习任务要契合学生的认知逻辑、学科逻辑和教材逻辑。在任务的设计过程中，教师应当充分考虑“学生的学习起点在哪里？学生的认知难点是什么？学生的学习差异有哪些？学习任务是否能提起学习兴趣？学生是否能按时按量完成？教材提供了哪些教学资源？依据学科逻辑，还需要补充哪些材料”等问题。例如，在《文化强国与文化自信》中，选取“莞香”作为情境主题，一是可以拉近与学生的距离，学生对作为地方特色的莞香文化已经在潜移默化中有了一定的了解；二是因为树立文化自信首先需要传承好我们身边的乡土文化。通过时政导入，该情境主题在轻松自然的氛围中引出本节课的总议题，很好地激发学生的学习兴趣和探究欲望。

3. 创设学习情境，设计学习任务

教学问题是基于大情境、大任务的，所以，真正学习的发生，需要教师设计出高质量的问题、高格局的情境、高适宜的任务。任务是整个单元学习活动的统领。任务的设计大致可分为两部分：一是与大单元目标相一致，规划大任务，又被称为任务群。二是与阶段目标相一致，分解大任务为若干子任务，形成任务串。

具体而言，我们可以把大单元学习任务的设计大致分为四步：第一步，解读单元内容，定位学习任务归属。第二步，明晰单元目标，提炼学科大概念。基于理解的持久性的学科大概念的提炼，是大任务设计的必要前提条件。大概念的提炼，确保了学习任务的一贯性和持久性。第三步，创设单元学习情境，设计核心大任务。单元大任务的设计，不能脱离了具体的学习情境。例如，树立文化自信首先需要传承好我们身边的乡土文化。《文化强国与文化自信》一课在教学设计上以“增强文化自信　勇担时代重任”为价值引领，依托乡土资源，选择以极具东莞特色的“莞香文化”为主题来创设情境和设计任务群，从课堂效果看很好地体现出思政课铸魂育人的学科特性。第四步，理清单元设计思路，分解单元大任务。为了有层次有步骤地开展大单元学习活动，理清学习过程设计思路，教师需要将核心任务分解成一个个相互关联的子任务，再依据子任务设计具体的学习实践活动，一步步引导学生完成子任务，进而完成整体的学习任务。

（四）基于能力培养组织学习活动

1. 培养问题解决能力

问题解决能力培养是21世纪国际中小学教育改革的重点，培养学生问题解决能力须以“学习活动”为依托。指向问题解决能力培养的学习活动，是指以提升问题解决能力为旨归的，学生在与其密切相关的学习群体（包括学习伙伴和教师等）交互协作下所实施的所有内隐的思维活动和外显的操作行为。

思想政治学科一般能力包括获取和解读信息、语言文字表达等能力，关键能力包括辨识与判断、分析与综合、推理与论证、探究与建构、反思与评价、辨识与判断等五大能力。在思政小课堂上，学生通过思考、表达、讨论、协作展开思维活动和操作行为，共同解决问题，梳理思维过程，建构知识体系，完成学习目标，在个体思考与群体协作中提升问题解决的学科关键能力。

2. 学习活动的实施流程

教师可通过规定任务目标、成果形式、活动内容、活动策略和活动方式来引发学习者内部的认知加工和思维。这里要强调的是学习活动设计必须坚持以学生为中心，以提升学习者的问题解决能力为旨归，充分地发挥学习者的主体能动性，使其积极参与到活动中来。

提升学生问题解决能力的学习活动实施流程大致分为创设实践任务、制定规则要求、形成解决思路、合作探究实践和总结反思评价的五个步骤。例如，高二年级思想政治课程《弘扬中华民族精神》，教师在“走近精神谱系　感悟磅礴伟力”环节，引导学生从精神谱系四个时期中，选取一个最令其触动的精神，设计一期“青年大学习”主题团课活动，并讲述该精神背后的故事及意义。活动规则方面要求开展小组合作学习，并在 KT 板上列出展示提纲，包括精神名称、故事简述等，可配以思维导图或手绘图。小组代表轮流上台，展示成果。在此过程中培育学生获取和解读信息、语言文字表达、合作分享交流和分析与综合、反思与评价等方面的学科关键能力。

3. 学习活动的策略

指向问题解决能力培养的学习活动，能够将教学内容、学习方式、能力培养完美自然地统一起来，这对于一线教师的学科专业素养提出较高的要求。这就需要教师在学科知识与实践生活之间建立连接点，寻找触发点。具体而言，可采用以下几种策略：

第一，关注社会热点，拓宽文化视野，将学科知识与实践生活相连接，创设生活化的学习活动任务情境。例如，一位教师在《坚持新发展理念》中，通过组织各个小组搜集、调查近年来东莞市政府在发展经济、优化环境与改善民生方面的资料，引导学生针对当前东莞市经济发展存在的问题，围绕“双万”都市如何实现经济高质量发展的议题提出合理化的建议，引导学生关心家乡变化，培育科学精神与公共参与素养。

第二，根据思政学科教学要求，创新多种兼具价值性、趣味性和思辨性的探究活动形式。设计学习活动必须有清晰明确的目标指向，必须包含具有推理、论证、辨析等思维成分的高阶认知活动。例如，“识记新发展理念的内涵”不是问题解决活动，不需要复杂的思维活动，缺乏高阶思维成分。再如，在“传承中华优秀传统文化”的学习中，教师设计学生活动：“假如你是莞香代言人”，为“最美莞香节活动”设计莞香创意“打开方式”，撰写推介文案并分组展示。

第三，学习任务可由难度不同又有联系的若干个小任务构成一个具有梯度的任务群，如此可以提高学生的学习活动参与度。比如，在“把准精神谱系　做出正确判断”环节，为引导同学们对歪曲历史、丑化英烈的歪理杂音加以批驳，旗帜鲜明反对和抵制诋毁英雄、抹杀历史的错误观点，教师设计系列化任务：（1）你认为长津湖战役中彰显了中国人民的哪些精神？（2）你是否认同上述网友的言论？请阐述理由。（3）当你面对生活和学习中的挫折时，是否曾经犹豫彷徨过？请谈一下你成长中的心路历程。

4. 学习活动的基本形态

合作学习是基于能力培养组织学习活动的基本形态。问题解决能力的培养是集体性的，指向问题解决能力培养的学习活动形态是合作性的。比如，课堂教学的探究活动设计中，教师都会熟练地采用小组合作的探究形式展开成员间的探讨交流，这种小范围的合作学习形式虽然属于传统教学中一直采用的形态，但在当前课改中仍是多数教师普遍采用的活动形态。

同时，在实施指向问题解决能力的学习活动的同时，需要发挥评价的导向功能和调控作用。教师要建立课堂评价机制，将学生问题解决能力的表现划分为不同水平，配合具体的学习任务活动，建立层级式的学生评价标准；亦可依托口头赞赏、组间竞赛、积分奖励等方式实施学生评价，以评价机制带动课堂节奏，提升学生课堂学习活动的参与度和表现水平。

（五）基于持续发展进行学习评价

1. 持续性的学习评价

学习评价的本质是为了促进教师的教和学生的学。学习评价是教师有意识、有目的地引导学生反思自己的学习行为，调整学习策略，实现有效学习的有效途径。评价反馈的目的是随时了解学习目标达成情况、监测与调控学习过程、反馈与指导改进教与学的行为，最终实现课程目标、学习目标的达成。

“持续性”有两层含义，一是指评价的连续性。在课堂活动教学的全过程、各环节，都应贯穿持续不断的信息反馈与学习评价。二是指评价的长期性。即在长时段、长周期，乃至长期对学生的学习进行监控、判断、反馈、反思和跟进指导。教师是持续性评价的设计者和实施者，应以核心素养发展为主轴，以学业质量标准为纽带，综合多种形式的日常性评价和终结性测试，构建考查学生素养发展的相对完整的评价体系。

在融入学校小课堂的社会活动教学过程中，持续性评价关注的是学生“学”的过程，关注学生从已知到未知所采用的方式方法、策略和路径，关注学生在学习活动中的参与度、专注度、积极性，发现问题、分析问题、解决问题的能力及学科素养发展的水平。

2. 学习评价的类型

学习评价从主体角度来看，可以分为学生自我评价、同伴相互评价和教师综合评价。

让学习者学会自我评价、提升元认知能力是教育工作者的重要课题之一。学生对学习活动的自我评价，应在教师指导下对照目标，对自己在学习过程中的表现和学习结果，作出分析和判断，进而对自身的学习意识和行为进行自我反思、自我调节。学生通过写活动反思、写日记、复盘活动过程等方法，对学习过程加以反思和诊断，发现哪些方面有长进，哪些方面有欠缺，哪些方面需要进行矫正和完善，进而唤起元认知，始终明确学习的目标是什么，自主监控学习的目标是否达成，主动反思和调控学习的进程，不断地自觉地去激发学习动机，转变学习态度，调整学习计划，改进学习策略，优化学习方法，在不断精进中养成即时自我评价的良好习惯。

在学习活动中，小组内同伴的学习评价对促进学生有效学习、学会处理交往相处中的请教求助起着非常重要的作用。同伴评价能更好地让学生看到自己的优势和不足，从同伴身上发现长处，能更好地起到相互学习、相互激励的作用。同伴互评过程中，最重要的就是引导学生学会“倾听”。倾听什么呢？一是听清楚他说了什么，说清楚了哪些，哪些是自己没有想到，哪些是自己可以补充的。二是要反思“我从中学到了什么”。不仅听他人回答得对不对，还要善于从他人的发言中思考自己可以学到什么，包括流畅的表达、得体的举止、自信的神态等。三要思考“如果是我，我会怎么办”。在互评中，学生们得到了更多深入探究的机会，能得到更多的诚恳的帮助。在这样的评价里，学生学到的是倾听尊重，学到的是团队共赢。

教师通过学习者的表情、语言、情绪、记录、想法、小组学习报告等，时刻搜寻学生学习过程中的全面信息，以便作出准确的判断，针对性地进行信息的反馈与指导。教师应通过反馈评价，为学生的学习提供即时性的“坐标”，帮助学生及时进行纠错、矫正、改进和完善。在教师评价过程中，要做到三个关注：关注学生的思考问题的深度、学习推进的进度等；关注学生思维的层次、思维的习惯、思维的方法、思维的能力等；关注学生思维上的症结和探究方向是否发生了偏差；关注是否有独到的见解、新的思维视角，培养学生的创新意识和创新素养。

3. 立足学习目标制订评价任务

教师的学习评价是基于证据的评价，依据《课程标准》要求，坚持教学评一体化理念，对学生在学习过程中的关键行为表现给予过程性评价和表现性评价。评价任务需与学习目标相匹配，评价任务与评价活动才有意义。

确定了什么样的活动目标，就需要设计相应的学习任务以达成目标，评价的任务就在于检验学习行为是否实现了预定的活动目标。把学习目标转化为可测、可评，且与目标匹配的“评价任务”，教师应关注情境、任务、检测点三个关键要素。例如在《坚定中国式现代化的历史自觉和道路自信》的学习活动中，确立目标为“学生能够通过云展览、思考辨析和故事讲述，增强政治认同，坚定中国式现代化道路自信”，评价任务就应围绕该条目标的达成而设计，通过给“目标”添加“方式与方法”“策略与工具”“指导语”等，从而设计“中国智慧线上推荐会直播”等课堂活动，形成“结合体现人类命运共同体理念的中国故事，借助手绘导图形式，讲好该故事的背景、举措、成效与反响”的评价任务。

二、典型案例

（一）问题探究式教学

问题探究式教学，一般是教师在课堂中借助问题情境引发学生思维，让学生在问题驱动下进入深层研讨，在交互讨论中发展理性思维和批判意识的一种教学方法。

1. 核心问题应具备的特性

问题探究式教学是常用的教学方法。实施问题探究式教学的关键是核心问题情境的构建，核心问题情境构建的方式有两种：一是在教师的引导下，学生自行提出有价值的问题；二是教师预设问题情境。无论以何种方式构建，供全体学生探究的核心问题必须具备以下特性：

（1）适切性

即所设置的问题要符合学生的实际需求，切中学生的“最近发展区”。问题的难易度要适中，既不能远远超出学生的思维阈限，也不能只停留在记忆、理解这一认知的浅层，而应更多关注应用、分析、综合、评价等高阶思维能力的培养，其呈现的形式更多以“为什么”“怎么样”“怎么办”为主。

（2）科学性

这不仅指所设置的问题不应有知识性、逻辑性等差错，更是指这些问题要具有合目的性。探究的目标指向不同，问题的类型也应有所不同。如果是探究事物的真相、性质、规律等，问题就应具有比较明确的指向性，答案也往往具有相对的指向性；如果是为了就某一问题交换意见或进行讨论，那么所设置的问题就应具有开放性，答案也应该仁者见仁、智者见智。

（3）递进性

探究是理性的思辨活动，是高层次的思维活动，切不可单刀直入、“一步升天”，要在逐层铺垫中升华。铺垫性问题与“核心问题”之间要构成“问题链”，要环环相扣，要有利于将学生的思维往纵深处推进。

（4）新颖性

新奇的事物最容易刺激探究的欲望，因而要激发学生探究的欲望，所呈现的问题就应该具有新颖性、疑惑性，有时甚至要设有陷阱，带有悬念。如果每次探究的问题都是同一“面孔”，必定会削减学生探究的欲望。

2. 运用问题探究式教学方法时，应处理好的关系

（1）讲授式学习与探究式学习之间的关系

我们倡导探究式学习方式，并不意味着这就是唯一有效的学习方式。讲授式学习运用得好，如教师擅长讲授，也可以生动地向学生传达大量的有用信息，运用不好的话，授课会很沉闷，让人昏昏欲睡。探究式学习能启发和锻炼学生的思维，但运用不好，也可能使课堂变得杂乱无章，效率低下。在实际教学中，我们要注意该讲授时讲授，该探究时探究，使这两种教学方式相互促进，取长补短。

（2）面向全体学生与关注个体差异之间的关系

教师要消除只有好学生才有能力开展探究的错误观念，要给每一个学生参与探究的机会。对于平时沉默寡言的学生，尤其应该给予特别的关照和积极的鼓励，使他们有机会、有信心参与到探究中来。在小组合作开展探究活动时，教师要有意识地将任务分解给每一位学生，以防止一部分优秀的学生控制和把持着局面。而对于学习困难生和有特殊才能的学生，还要利用适当时机给予他们一些专门适合他们水平和需要的探究任务。

（3）学生自主与教师指导之间的关系

探究式学习特别强调学生的自主性，但是并不排斥教师的指导。学生探究的过程中随时都有可能伴随着疑惑、阻力、障碍、紧张、艰辛等，教师的有效指导显得尤为重要。教师要选择适当的时机介入学生的自主探究之中，给予必要而充分的指导。如果教师介入得过早，学生还没有充分地自主探究，就会阻碍学生本可以自主发现的机会；如果教师介入的时间过晚，亦会让学生过久地处于无助状态，而对探究式学习产生畏惧心理。同样，如果教师的指导过了头，会剥夺学生尝试错误并从教训中学习的机会；而如果教师的指导不到位，又会使学生无所适从，效果适得其反。因而，在学生自主探究过程中，教师的指导必须谨慎而恰当。

（4）分工与合作、质疑与倾听之间的关系

探究过程中需要学生开展合作和交流，而合作应建立在学生各自深入探究的基础之上。由于经验、背景、知识结构的差异，学生对同一个文本会有不同的感受和体验，对同一个问题也会出现不同的理解和看法，在探究式学习共同体中，这种差异本身便构成了一种宝贵的学习资源。在合作探究的过程中，要引导学生既能充分地表达自己的见解，又能虚心地倾听同学的发言，在合作、表达、倾听、质疑中，分享彼此的感悟，深化各自的认识。在学生阐述探究成果的过程中，教师也要做一个忠实的倾听者，并通过适时的质疑，进一步点燃学生的探究欲望。

3. 问题探究式教学的一般步骤

（1）创设情境

基于真实生活，围绕教学主题，选择与之相契合的文本材料或图片、视频等材料，或者构建模拟真实生活的情景，为问题探究做好充分的铺垫。

（2）呈现问题

呈现教师预设的核心问题，或引导学生自主设计问题，然后筛选出有价值的核心问题。

（3）自主探究

教师组织并引导学生带着问题再次理解和解读情境，进行自主探究，并将自己探究的结果拟写成书面材料。

（4）讨论交流

学生带着自己准备的书面探究成果进入小组参与讨论，交流见解，以产生观点的碰撞与思想的交锋。

（5）评价指导

教师适时介入学生的讨论，及时作出点评与指导，将讨论引向深入；教师还可呈现自己的探究成果，与学生分享。

（6）反思升华

引导学生对自己的探究过程做回顾和反思，以期达到思想的升华；并在此基础上引发学生提出新的问题，从而进入下一轮更为深入的探究。

以上教学步骤在具体实施时可以灵活运用，不必生搬硬套。

【典型案例】

本案例来自统编版高中思想政治必修二第三课第一框《贯彻新发展理念》的教学片段。

活动主题：寻找“锦囊妙计”，一起为东莞高质量发展出谋划策。

一、活动意图

通过组织各个小组搜集、调查近年来东莞市政府在发展经济、优化环境与改善民生方面的资料，引导学生针对当前东莞市经济发展存在的问题，围绕“‘双万’都市如何实现经济高质量发展”议题提出合理化的建议，引导学生关心家乡建设，培育科学精神与公共参与素养。

二、创设情境

议学情境一：制造业是东莞的立市之本。2018年，37家莞企挺进广东制造业500强；2019年变为73家；2020年达78家，位列全省第二。但上榜莞企大都排名在100名以外，进入前100的只有5家。数据显示，5年来，东莞的企业创新环境情况增幅很小，仅提高1.30。科技创新投入和技术研发能力有待进一步提高。

议学任务：

（1）请将材料数据制作成一张图表，并说明图表反映的信息。

（2）基于材料反映的问题，请为东莞市制造业的发展建言献策。

议学情境二：经过40多年发展，东莞市经济取得长足进步；全部镇生产总值的全国排名都在千名以内。但由于种种原因，东莞市尚有个别镇仍属于次发达水平。与虎门、长安等发达镇相比，这些镇不仅生产总值不太高，发展能力也比较弱。无论是在区域发展水平上，还是在当地居民获得感上，都急需提高，缩小差距。

议学任务：

结合材料，说明东莞市在区域发展中存在什么问题，并提出至少2条解决措施。

议学情境三：

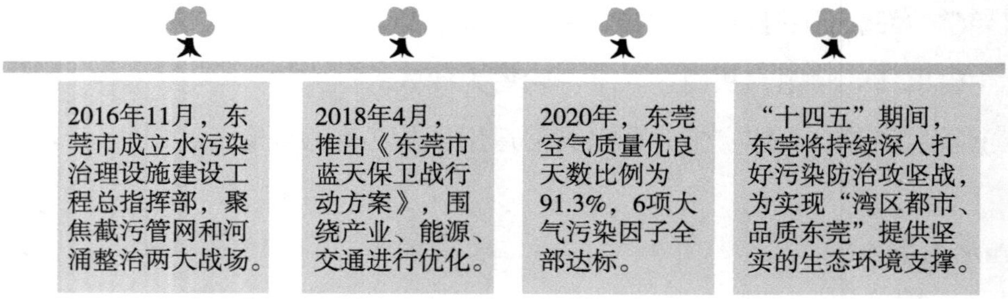

议学任务：上述举措体现了什么经济理念？请结合你家乡的变化，谈谈我市应该如何处理好经济发展与生态环保之间的关系。

议学情境四：2021年9月24日，以东莞常平作为始发站点的中亚班列正式启动。这趟班列满载小家电、办公用具、电子产品、服装纺织品、灯具等货品，总重402吨，货值达285万美元。这些班列的畅通，解决了东莞市部分重点制造企业的燃眉之急，为按时交付货物提供了保证，保住了企业的市场份额。

议学任务：

（1）中亚班列的开通运行，体现了东莞市坚持什么发展理念？

（2）结合东莞经济成就，谈谈坚持这一理念对东莞市经济发展的意义。

议学情境五：2015—2020年，东莞市财政投入2000多亿元用于教育、医疗、扶贫等民生建设，促进社会公平正义。脱贫攻坚也取得显著成效。对口帮扶的韶关、揭阳1.57万贫困户全部稳定脱贫，云南昭通6个贫困县全部脱贫出列，援藏8个小康示范村项目全部完工。

议学任务：

上述材料体现了东莞市在践行什么发展理念？谈谈当前坚持这一理念的原因，并提出几点建议。

三、组织实施

将学生分为五个学习小组，每组派一位代表抽取一个锦囊，作为本组共同探讨的问题。小组成员根据锦囊中的秘籍，共同商讨其中的问题。活动要求:（1）每组需要将本组讨论结果写在 KT 板上;（2）每组选出 1 名同学作为发言代表，进行展示。

教师总结：刚刚同学们的发言很精彩。事实上，东莞市政府近几年一直在积极践行这些新发展理念，努力建设美丽东莞，为人们提供更加舒适的环境。建设美丽东莞是与“以人民为中心”紧密结合在一起的。我们所做的一切努力都是为了满足人民对美好生活的向往，通过高质量发展，在更高的层次上提升人们的幸福感和获得感。所以，我们要明白贯彻新发展理念与以人民为中心思想的关系，即贯彻新发展理念是坚持以人民为中心思想的必然要求。

（二）案例研讨式教学

案例研讨式教学是一种通过模拟或者重现现实生活中的一些场景，让学生把自己纳入案例场景，通过讨论或者研讨来进行学习的一种教学方法。它以其独特的优势，在提高学生学习兴趣、培养实际解决问题能力等方面展现出了显著的效果。

1. 案例教学的优势

（1）增强学习兴趣与积极性

案例教学通过引入真实或模拟的实际案例，使学习内容更加生动、具体，从而激发学生的学习兴趣和积极性。学生能够在案例中看到自己所学知识的实际应用，感受到学习的价值和意义。

（2）提升实际问题解决能力

案例教学强调对问题的分析和解决。学生须在案例中扮演不同的角色，通过讨论、合作等方式，学习如何识别问题、分析问题并提出解决方案。这一过程有效锻炼了学生的批判性思维、创新能力和团队协作精神。

（3）促进理论与实践相结合

案例教学打破了传统教学中理论与实践相脱节的问题，使学生能够在案例分析中将理论知识应用于实际情境中，加深对理论知识的理解，并学会如何将理论转化为实践。

（4）培养沟通能力和团队合作精神

在案例教学中，学生需要与他人合作，共同分析案例、提出观点、进行辩论，这有助于培养学生的沟通能力和团队合作精神，为未来的职业生涯打下良好基础。

通常，案例教学要事先经过周密的策划和准备，要使用特定的案例并指导学生提前阅读，要组织学生开展讨论或争论，形成反复的互动与交流，并且，案例教学一般要结合一定理论，通过各种信息、知识、经验、观点的碰撞来达到启示理论和启迪思维的目的。

2. 案例教学的实施策略

（1）选择合适的案例

案例的选择是案例教学成功的关键。教师应选择具有代表性、时效性、贴近学生生活或学习的案例，确保案例能够引发学生的兴趣和思考。

（2）明确教学目标

在实施案例教学前，教师应明确教学目标，确定希望通过案例教学使学生掌握哪些知识、技能和态度。这有助于教师在案例选择和教学过程中保持方向性。

（3）设计合理的教学流程

案例教学的教学流程应包括案例介绍、问题提出、学生分组讨论、汇报分享、教师点评等环节。教师应精心设计每个环节，确保学生能够充分参与、深入思考。

（4）提供必要的引导和支持

在案例教学过程中，教师应扮演引导者和支持者的角色，鼓励学生积极发言、提出观点，同时在学生遇到困难时给予及时的帮助和指导。

（5）注重反思与总结

案例教学结束后，教师应组织学生进行反思和总结，回顾案例分析的过程、学到的知识和技能、存在的问题和改进方向。这有助于巩固学习效果，并为今后的案例教学提供参考。

同样，以上案例教学的步骤在具体实施时可以灵活运用，不必生搬硬套。

【典型案例】

本案例来自统编版高中思想政治必修三第六课第三框《基层群众自治制度》的教学片段。

活动主题：小旧屋大话题　老社区新治理——从大明塘社区的更新之路看我国的社区治理

一、课前预热：聚焦大明塘

在课前的准备阶段，教师主要做好为学生搭桥铺路的工作：

1. 创设真情境。“随着城市的提质发展，人们越来越关注社区治理问题。”引导学生把视野关注到社区治理中，从而引出大明塘社区治理的困境。

2. 抛出真问题。“在城市更新背景下，社区遇到治理的难题——老、破、旧的环境下，大明塘社区应该如何谋发展？”启发学生思考。

3. 提出真项目。播放大明塘社区居委会主任“社区更新规划师招募令”的视频，以“学生应聘社区更新规划师”这一活动来引导学生通过小组合作，一起探讨基层自治赋能城市发展的新路径，共同探索东莞未来城市发展的新方向。

二、课中升温：寻迹大明塘

基于学生对大明塘有了初步的认知和初步的更新方向，因此，此环节老师主要做好风采的搭台人，通过搭建展示的舞台，让学生展示并分享他们的初步想法，激发学生的表达欲和展示欲，点燃学生的学习热情，为后面的探究升温做准备。

1. 设置实践场。在这个部分，教师设置“社区放映室”实践场，让学生以规划师的身份上台展示，用生动形象、简洁明了的语言来简单介绍自己的初步设想。

2. 抛出问题链。各小组的初步设想是有了，但是可不可行？如果你是当地居民支不支持这份方案呢？以此牵引学生对大明塘社区进行进一步考察。

此环节是本节课的重点内容，在这个环节中，学生将围绕规划师的方案设计进行讨论，并根据教师在课堂上提供的社区实况街景和居民访谈内容获取信息，多角度全方位审视规划师的方案，充分思考该方案是否适合大明塘社区发展，并在讨论过程中牵引出居委会、民主协商和民主决策的相关知识，从而生成基层自治的组织形式和实践形式的学科内容。

为将学生的学习引向深入，致力于解决现实中的真实问题，要为学生提供进一步的学习支撑：

1. 搭起信息脚手架。为了让学生和规划师深入了解大明塘社区，进一步优化社区更新方案。教师设置了两个云课堂：一是通过“线上实践”的方式，使用导航地图实景代替研学实践，带领学生进行实地考察，让学生知道社区长什么样；二是使用提前录制的居民采访视频代替现场人物采访，让学生知道当地居民的生活状况。通过看一看、听一听这两个云课堂，为学生优化更新方案提供资源支持。

2. 抛出治理新困境。随着项目的推进，真实的困境再次出现了，这个问题就是“社区里的古树影响社区建设，该不该砍？以及社区里不同人对这棵树的存在有不同的诉求，应该怎么协调？”

教师以这两个真实问题为教育契机，引导学生进入到本课的高潮环节——“社区问题该找谁？”由此进入“社区议事堂”实践场，让学生知道居委会是通过居民民主选举产生，有问题可以找从居民中来的居委会；随后引导学生以居民的身份，模拟一场居民会议，切身感受我国基层社区治理过程中通过民主选举出来的居委会是如何通过民主决策来协调多方利益的。

三、课堂实践：赋新大明塘

在实践阶段之后，接下来便要继续进入成果阶段——“赋新大明塘”。而这阶段将分为成果制作阶段和成果展示阶段。

1. 创意方案展一展。在成果制作过程中，引导学生在原有的方案设计上充分利用好“古树”这一具有历史文化价值元素，边制作社区平面规划图边讨论，使更新方案直至最优。最后在实践场3的社区策划室中，由小组代表上台展示并解说，通过投票选出方案并递交给相关开发部门参考，达成学生公共参与的核心素养。

2. 方案落实再推进。在学生充分体验民主协商、民主决策的基层自治实践形式后，老师紧接着抛出问题“方案有了，更新梦就能实现了吗？”引导学生思考：要使方案得以落实，居委会还需要如何做呢？从而引出还需要加强民主管理和民主监督，使得方案和资金在社区的规章制度下规范有序实施，使得资金的使用和方案的实施做到公开透明。

最后，伴随着活动的深度开展，基层群众自治制度的五个实践形式便一一得以呈现。

（三）现场辩论式教学

辩论式教学是以学生为主体，以反向思维和发散性思维为特征，由小组或全班成员围绕特定的论题辩驳问难，各抒己见，互相学习，在辩论中主动获取知识、提高素养的一种教学方式。

1. 辩论式教学的特点和优势

（1）辩论式教学增强了课堂上的竞争与合作

“辩论式教学”即把辩论赛引入课堂教学，采用外部强化手段，营造外部的竞争和合作气氛，因为竞赛可以激发学生内部学习需要和动机，强有力的任务驱动，能增进学生交往合作能力。这是一般的传统课堂教学无法达到的。

（2）辩论式教学综合运用文科各学科的知识

传统的课堂教学是单一学科知识的传授，学生学习也是单一学科知识的获取。辩论式教学的课堂需要学生将文科知识加以整合，并综合运用。因此学生就不单单接受、记忆知识，而是智慧地生成知识。

（3）辩论式教学注重过程和方法，情感与价值观

一般的传统的课堂教学注重认知学习，而辩论式教学更注重学生学习的过程与方法，以及情感与价值观的形成。为了说明己方观点的理由，学生要翻阅大量的图书和资料，经过与同学老师探讨、切磋形成清晰的思路，在课堂上团结队员协同作战，随机应变去争取胜利。在这个过程中，学生会学到学习的方法，增进对知识的认知，获得师生间的情谊。同时，辩论能直接引发学生对社会现象和社会事物之本质的追问，对社会问题发生之原因的深度思考，形成正确的价值观和人生观，成为社会建设的有用人才。

（4）辩论式教学调整了师生关系

辩论式教学中，教师摆正了位置，教师是参与者、合作者、引导者，师生真正平等。教师尊重学生的话语权，把课堂还给学生，学生是主角，评价课堂好坏、效率高低重要的标准是学生参与的广度与深度。在辩论式教学的课堂上，学生真正体验、感悟、创造，“人人教我，我教人人”，各有所长，各有所得，注重学生的发展性评价和个性化评价。

（5）辩论式教学改革了一成不变的课堂座位布局

教学方式的改变，带来了教学条件的相应改变。辩论式教学的课堂课桌椅的摆放不同于一般的课堂，它突出了小组合作，生生互学的特点。因为传统课堂教学是以教师为中心，因此课桌椅摆放整齐，学生全部面朝讲台，突出教师的中心地位。辩论式教学则不然，因为辩论，就有正反方，首先学生要有正反两大阵营；其次是小组合作，每方都有不同的合作小组，因此课桌椅摆放以体现、方便小组合作为主。主辩者

站在讲台两侧，后援团各据一方，再以小组为单位围坐，既分又合，适合学生交流。

2. 辩论式教学的应用建议

（1）确定明确的教学目标和规则

在进行辩论式教学前，教师需要明确教学目标和规则，确保学生了解本次辩论的主题、要求及评分标准。这样有助于学生有针对性地进行准备工作，提高辩论的效率和质量。

（2）注重学生的参与和互动

在辩论过程中，教师需要注重学生的参与和互动，鼓励学生发表自己的观点和看法。同时，教师还需要引导学生学会倾听他人的观点，尊重他人的立场，以保持课堂的和谐氛围。

（3）提供有效的指导和反馈

在辩论结束后，教师需要对学生的表现进行点评和指导，指出其优点和不足。同时，教师还需要提供有效的反馈和建议，帮助学生改进自己的表现。这样有助于学生更好地理解自己的优点和不足，提高自己的辩论能力。

【典型案例】

本案例来自统编版高中思想政治必修四第八课第三框题《正确对待外来文化》的教学片段。

一、发布辩题

教师：同学们，今天我们要辩论的主题是“外来文化对我们的影响是利大于弊还是弊大于利”。正方观点是“外来文化对我们的影响利大于弊”，反方观点是“外来文化对我们的影响弊大于利”。现在，请正反双方分别进行陈词。

二、组织辩论

正方一辩：我们认为，外来文化对我们的影响是利大于弊的。首先，外来文化丰富了我们的文化生活，让我们有机会接触到不同的艺术形式和思想观念。其次，外来文化促进了我们的文化交流与互鉴，有助于我们拓宽视野，增进对不同文化的理解和尊重。最后，外来文化中的一些优秀元素还可以为我们所用，推动我们的文化创新和发展。

反方一辩：我们反方则坚持认为，外来文化对我们的影响是弊大于利的。首先，外来文化的涌入可能会冲击我们的传统文化和价值观，导致文化认同的迷失。其次，一些不良的外来文化可能会对我们的青少年产生负面影响，如崇洋媚外、盲目模仿等。最后，过度依赖外来文化可能会削弱我们自身的文化创造力和竞争力。

教师：感谢双方的精彩陈词。接下来，我们将进入自由辩论环节。需要提醒的是，辩论时要尊重对方观点，就事论事，不得进行人身攻击。

自由辩论环节（简要概述）：

正方强调外来文化带来的文化多样性和创新性，认为它有助于我们更好地融入全球化时代。

反方则反驳外来文化的冲击可能导致本土文化的边缘化甚至消亡，而且并非所有外来文化都是积极的、有益的。

双方围绕外来文化的利弊展开了激烈的辩论，各自提出了有力的论据和观点。

教师：好，辩论时间到。现在请双方进行总结陈词。

正方四辩：我们重申，外来文化对我们的影响是利大于弊的。在全球化时代，我们应该以开放包容的心态接纳外来文化，从中汲取营养和灵感，推动我们的文化创新和发展。同时，我们也要保持对本土文化的自信和传承，让外来文化与本土文化相互融合、相互促进。

反方四辩：我们反方仍然坚持认为，外来文化对我们的影响是弊大于利的。在接纳外来文化的过程中，我们必须保持清醒的头脑和警惕性，避免被不良文化所侵蚀。同时，我们也要加强对本土文化的保护和传承，让我们的文化根基更加坚实、更加稳固。

三、教师小结

非常感谢双方的精彩辩论。通过这场辩论，我们不仅深入探讨了外来文化对我们的影响问题，还锻炼了自己的思辨能力和表达能力。希望同学们在今后的学习和生活中，能够保持对文化的敏感性和批判性思维，为推动中华文化的繁荣和发展贡献自己的力量。

（四）角色代入式教学

角色代入教学法即在教学过程中让学生通过阅读、扮演等手段，将自己想象成某个预定角色，并把自己的身份、情感与角色融为一体，去体验角色的经历，以获得知识并引起情感共鸣的方法。

角色代入法的优点：角色代入教学法利于过程式教学，对培养情感态度价值观有着重要的意义。从现有研究来看，角色代入法通过创设情境—体验过程—情感共鸣过程，让学生掌握知识与技能，最终升华到情感态度价值观的高度。在整个过程中，学生们经历、体验、感悟，不断增长知识，丰富情感，塑造自我，让自己主动融入学习中，学习效果比传统教育方法要好。

角色代入法的开展形式：一种是让学生根据教师提供的文本或者视频、音频材料将自己想象成是某个角色，去理解角色，体验过程，丰富情感。这需要老师在课前准备好充足的材料，在课堂中要营造恰当的氛围，让学生自己去体会领悟，并表达自己的想法，最终达成各种教学目标；另一种是角色演绎，让学生来扮演某个角色，在表演中理解、诠释角色。这不仅是一个表演的过程，还是一个学习相关知识技能的过程，更是一种情感体验的过程，表演过程中更能让表演者与角色产生情感共鸣。

在思政课社会活动教学中，角色代入法可以有多种呈现形式，主要表现为各种模拟活动，如模拟新闻发布会、模拟居委会（村委会）、模拟听证会、模拟人大（模拟）、模拟法庭、模拟联合国等。

【典型案例】

本案例来自统编版高中思想政治必修二第三课第二框《推动高质量发展》的教学片段。

课堂模拟活动：模拟东莞市发改委召开“十四五”规划调研座谈会。

一、活动背景

为深入分析“十四五”时期东莞市发展面临的新形势和挑战，谋划东莞市未来五年的重点工作，广泛听取各方面的意见建议，进一步推动东莞市经济高质量发展。

二、活动分工

第一组：制造业代表；第二组：乡村代表；第三组：水乡片区代表；第四组：“一带一路”物流基地代表；自由组合 5 名同学：发改委代表。

三、活动步骤

1. 各小组基于自己的身份讨论座谈会上需要提出的问题和建议。

2. 将问题和建议列在发言提纲上。

3. 讨论结束后进行座谈会。

4.发改委负责人需要回应各方诉求并将可行的建议列出来。

四、活动展示

制造业代表发言：作为制造业的代表，我们认为，在“十四五”时期，东莞市应继续加大对先进制造业的支持力度，推动产业升级和转型。同时，我们也希望政府能够出台更多优惠政策，帮助企业降低成本，提高竞争力。

乡村代表发言：在“十四五”规划中，我们建议加大对乡村基础设施建设的投入，提升农村公共服务水平，同时推动乡村旅游和特色产业的发展，让乡村成为推动东莞市经济高质量发展的新引擎。

水乡片区代表发言：在“十四五”规划中，我们建议加强水乡片区的生态保护和环境治理，同时发展生态旅游和文化产业，实现经济效益和生态效益的双赢。

“一带一路”物流基地代表发言：在“十四五”时期，东莞市应充分利用区位优势和交通网络优势，加强与周边国家和地区的经贸合作，打造具有国际竞争力的物流枢纽。

发改委代表总结：各位代表的发言非常精彩，提出了很多有针对性的意见和建议。我们将认真梳理这些意见和建议，为制定更加科学合理的“十四五”规划提供参考。

教师总结：通过今天的模拟活动，我们从不同代表的发言中认识到了相关领域对经济高质量发展的影响。希望同学们在今后的学习和生活中，能够继续用所学的知识链接到地方经济社会发展！

（五）项目研究式教学

项目研究式教学法是指通过实施一系列与实际生活相关的项目活动，培养学生问题解决能力和创新思维的一种教学方法。该方法强调学生的主动参与和合作学习，将知识与实践相结合，提供学生自主学习和探究的机会。

1. 项目研究式教学法的主要特点

（1）问题导向

项目式教学法注重解决实际问题，学生在项目活动中需要面对各种挑战和困难，通过解决问题的过程来掌握知识和技能。

（2）团队合作

该方法鼓励学生进行小组合作，培养学生的协作精神和团队合作能力，通过合作来促进彼此之间的学习和成长。

（3）自主学习

在项目式教学法中，学生可以选择自己感兴趣的项目，参与整个研究过程，并根据自己的兴趣和需求来设置学习目标。

（4）跨学科整合

项目式教学法能够将不同学科的知识整合在一起，帮助学生建立起知识的联系和综合应用能力。

2. 项目式教学法的教学步骤

（1）选择课题

教师可以根据学生的兴趣和年级要求，选择一些能够引起学生兴趣和思考的项目课题。同时，教师也需要确保课题与教学目标的契合度。

（2）设计任务

根据选择的课题，教师需要设计一系列贴近实际生活的任务，以激发学生的学习兴趣和思维能力。任务的设计应该具有挑战性和可操作性，促使学生在实践中不断反思和提升。

（3）分组合作

学生根据自己的兴趣和专长，自主组成小组并分工合作。每个小组成员可以根据自己的特长和兴趣来负责不同的任务，共同完成项目研究。

（4）进行研究

学生根据任务的要求，进行相关的调查和研究。他们可以通过查阅资料、采访专家、实地考察等方式来获取必要的信息，并进行数据分析、实验设计等研究活动。

（5）整合成果

学生在研究过程中，需要不断整理和总结所获得的成果。他们可以使用文档、报告、海报等形式，将所学知识和研究结果进行展示和分享。

（6）评价反思

项目研究完成后，教师可以对学生的学习过程和成果进行评价。同时，学生也需要进行自我反思，总结自己在项目研究中的不足和收获，以提高自身的学习能力和方法。

【典型案例】

基于STEM项目学习的财经素养培育

（东莞市石龙中学　冯春柳老师　提供）

一、活动背景

近年来，学校里的校园贷、网贷、“裸贷”现象层出不穷；社会上非法集资、金融诈骗等现实问题频频发生，引起大众担忧……很明显，我们的财经素养是远远不够的。而处于“粤港澳大湾区”的东莞不仅需要财经类人才，更需要每位公民适应未来社会发展的需要。因此，我们举办了“未来·财经”的科学实践活动，从数学、金融、信息、地理、政治、建筑等学科融合的角度开展活动。

二、活动对象

活动对象是高中一年级的学生，包括财经社80人，加起来共120人。

三、活动目标

本课程出发点是“学生为本、国家为重”，不只要教会学生如何面对自己进入经济社会的理财问题，更要教会学生在经济生活中如何科学地关注自己的经济事务以及如何正确处理与国家经济活动的关系的问题。通过本课程学习，学生能够具备中国特色的财经生活基础修养。

（一）通过参观、访谈、实地考察、模拟实践活动等，进行职业选择、科目选择，从而提高自身的判断力，培养科学精神、公共参与、逻辑推理等核心素养。

（二）通过采访、市场调查、案例分析、辩论赛等，培养自己的法治意识、科学精神、公共参与等核心素养。

（三）通过参观、讲座、文献查阅等培养与提高学生的唯物史观、时空观念、科学精神等核心素养与国际视野。

（四）通过撰写一份简单的创业计划书、模拟设计一个简单的国际贸易方案、模拟投资等提高法治意识、科学精神、综合思维、数字化学习与创新等核心素养。

四、活动过程

（一）活动规划

本课程的实施，以发展学生的财经素养为目标，运用多种方式、方法，引导学生自主学习、合作学习和探究学习，强调学生的活动体验。本课程教学建议包括：活动型课程的教学设计，辨析式学习过程的价值引领，综合性教学形式的有效倡导，系列化社会实践活动的广泛开展。

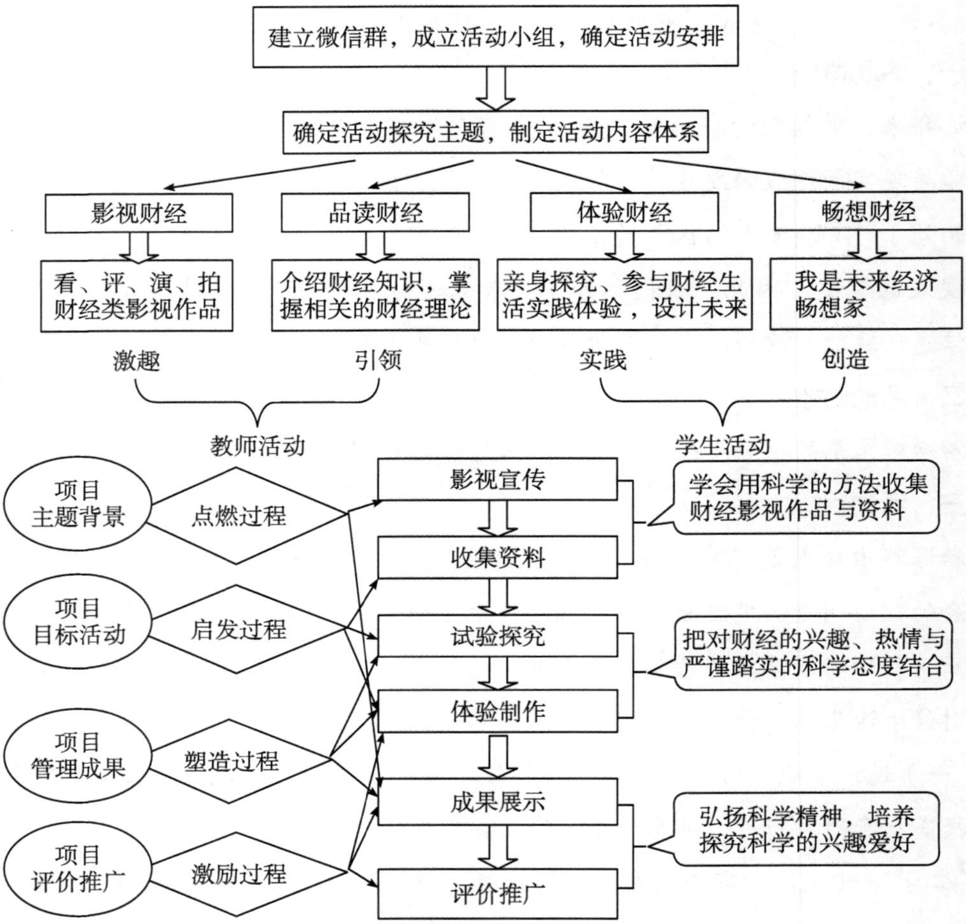

（二）活动方案

成立活动小组，未来财经综合实践活动共分“畅想财经组”“体验财经组”“设计未来组”等。

畅想财经组

“我是未来经济畅想家”活动方案

1. 通过调查、观察、访谈、文献研究、资料搜集等手段，进行专题探究。

2. 根据相关的主题（必须与财经、金融、面向未来等有关），如“未来养老模式畅想”“未来第六套人民币的设计”“我的创业梦”“中美贸易摩擦将何去何从”“我心目中未来绿色的智能社区”等，撰写演讲稿，要求500—800字。

3. 由4—6名学生组成一个小组，先在组内交流，互相传阅演讲稿，选出组内最优稿件。

4. 然后每组各推选一名小组发言人（组内最优稿件的作者）在全班演讲。

5. 全班投票选举对职业有研究的9名学生，组成“畅想观察团”。

6. 由班上选出的9名学生组成的“畅想观察团”担任评委，给每位小组发言人打分，得分最高者被评为“未来经济畅想家”。

7. 老师总结，并颁发获奖证书。

体验财经组

“走进名企，对话莞商”活动方案

1. 预约本地著名的企业，明确采访、考察的时间、地点、任务、人物；

2. 拟定采访的主题，设计对话、访谈的内容；

3. 对小组的成员进行培训，提出访谈的注意事项，如注意安全、文明礼貌等；

4. 做好分工与合作，安排好录像、摄影、提问的同学。

设计未来组

“设计未来职业”活动方案

聚焦“体验职业，发现自己，启迪未来”主题开展职业体验：

1. 去图书馆或中国知网等查阅相关文献，找出以下问题的答案。

（1）传统职业有哪些？每个职业的现状与工作内容是什么？每个职业的代表人物是谁？（列举3—5个职业）

（2）现阶段热门职业有哪些？每个职业的现状与工作内容是什么？每个职业的代表人物是谁？（列举3—5个职业）

（3）新兴职业有哪些？每个职业的现状与工作内容是什么？每个职业的代表人物是谁？（列举3—5个职业）

2. 利用周末或寒暑假的时间，以4—6人为小组一起参与职业体验的志愿服务活动。

3. 通过参与职业体验的志愿服务活动启发自我认知。

（1）我适合做什么样的工作？

（2）未来想要成为什么样的人？

（3）“第一眼”就看上的职业是什么？

（4）让你感到“心动”的职业是什么？

（5）最“钟情”的职业是什么？

附表：职业选择决策平衡单

职业		职业一		职业二		职业三	
考虑因素及权重							
考虑因素	权重（重要程度）	分数	加权分数	分数	加权分数	分数	加权分数
1							
2							
3							
4							
5							
6							
7							
8							
加权分数合计							

步骤一：把候选的3个职业分别填入“职业一、职业二、职业三”中。

步骤二：在考虑要素中（可自行增减），根据对你而言职业选择的重要性，赋予其权重。加权范围1—5倍，权数越大说明你越重视该要素（如5表示“非常重要”；3表示“一般”；1表示“最不重要”）。

步骤三：打分。根据每个职业中的因素进行打分，计分范围为0—5分，分数越高说明对你而言满足程度越高。（如5表示“该因素在职业选择中得到了完全的满足”，3表示“一般”，0“表示该因素在职业选择中并未得到满足”）

步骤四：计算总分数并排序。

（三）活动评价

1. 过程性评价

以量化为准，具体衡量指标为平时作业（形式为论文、演讲稿、影评、研究报告等）的完成态度、次数和质量，上课听讲、发言以及给老师提教学意见等教学过程中学生的学习情况，分为卓越、优秀、良好、合格、还需努力五个等级。

平时考勤（10%）；学习态度（10%）；平时作业（10%）；学生自评（10%）；学生互评（10%）；师评（10%）。如果获得企业家、财经专家、银行家、金融家等的肯定与点评，还可以加分。

2. 终结性评价

写小论文一篇（20%）；进行一次终结成果展示（20%），总成绩合格（大于或等于总分的 60%），认定学分。

第五章　走向社会大课堂的社会活动教学

走向社会大课堂的思政课社会活动教学，主要表现为思政课与社会实践相结合，即社会实践教学，其具体形式很丰富，比较常见的有社会调查、社会服务、模拟实践、研学实践、职业体验等。

一、社会调查活动的组织与实施

（一）含义与特征

社会调查是社会“调查”和“研究”的简称，它一般是指人们为了达成一定目的，有意识地通过考察社会现象、了解现状、收集材料并进一步分析研究，来更加深刻认识社会真实情况的自觉性认识活动。同时，社会调查作为一种收集、处理信息的基本方法，也被广泛运用在社会生活的诸多方面。

在思政课社会活动教学的语境中，社会调查活动通常是指学生在思政课教师的指导下，运用社会调查方法针对特定主题进行社会现象考察、收集资料、分析研究，撰写调查报告的教学互动性活动。

基于思政课教学的实际需要，社会调查活动在思政课社会活动教学中具有实践性、客观性、综合性、成长性等特征。

1. 实践性

在思政课教学中，社会调查活动的调查主体通常是学生，客体一般是客观的社会现象或社会问题。在实际操作中，社会调查要求调查者深入社会实际，从社会生活中收集第一手资料。在整个社会调查过程中，社会调查的研究课题来源于现实社会，考察内容是现实社会，研究结果要解释、揭示或解决某种社会现象或某类社会问题。社会调查的方法和技术具有较强的操作性，要求调查者必须走进实际社会，通过广泛的实践活动获取大量信息。从来源、方法和结果的全过程来看，社会调查离不开社会现实，具有鲜明的实践性。

2. 客观性

客观性又称真实性。在社会调查的整个过程中，调查者必须保持实事求是的态度，坚持一切从实际出发，真正进入社会现实，合理科学运用调查方法，客观分析数据进而得出研究结果。从调查的主客体来看，作为社会调查的主体——学生是客观的，作为社会调查活动的客体，社会现象和社会问题是客观存在的，社会调查的方法和技巧也有其客观要求。在坚持主体、客体和研究方法的客观性的基础上，确保结果具有客观性和真实性。

3. 综合性

社会调查活动涉及的方面较广，一是涉及研究视角的综合性，不同的研究视角下，同一社会现象和社会问题会有不同的解读。二是涉及研究方法的多样性，社会调查中定性研究和定量研究需要收集的原始资料不同，不同的研究方法对资料分析侧重的角度也不尽相同。三是涉及运用知识的复杂性，社会调查收集到的信息在不同知识理论的分析下会出现侧重点不同的解读。四是涉及研究主体和客体的交互性，很多时候调查研究不是单一主体对应单一客体的，往往是围绕多主体、多客体展开。

4. 成长性

中学思政课的社会调查活动不能简单地理解为学术上的社会研究，应该理解为学生学习和运用知识，培养能力和发展个性的过程。通过参与社会调查，学生能够锻炼自己的观察力、分析力、判断力和解决问题的能力。在实际社会调查活动中，学生在教师的指导下，学习调查方法和技巧，不断打磨和历练。不仅如此，学生还需要在深入调查中学会如何与人沟通，如何处理复杂的社会关系，如何面对和解决实际问题。因此，社会调查活动对学生的德智体美劳全面成长具有明显的助益。

（二）目标与主题

1. 目标

社会调查活动的目标与主题是紧密相连的，它们共同构成了社会调查活动的前进方向和核心内容。社会调查活动作为思政课社会教学的一种方式，其目标与主题自然与思政课的内容是紧密联系的。同时，社会调查活动作为一种学生参与的“活动”又必须具有“活动育人”的目标。

因此，社会调查活动的目标主要体现在以下几个方面：

核心素养目标。社会调查活动旨在全面提升学生的核心素养，包括批判性思维、公民意识、道德判断力和跨文化沟通能力。其亦关注培养学生的学科核心素养，通过深入社会实际，学生能够学会如何从多角度审视问题，如何在不同文化背景下进行有效沟通，以及如何在复杂的社会环境中做出合理的道德判断，从而更好发展其政治认同、科学精神、社会参与和法治意识的学科核心素养。

知识性目标。社会调查活动通过考察社会现象与社会问题，旨在帮助学生更深入地理解和掌握思政课程的理论知识，同时增强他们的社会责任感和历史使命感。通过参与实际的社会调查，学生能够将抽象的理论知识与具体的社会现象相结合，从而加深对相关知识的理解和认识。

能力性目标。社会调查活动着重于培养学生的实践能力、创新能力和团队协作能力。在调查过程中，学生必须独立思考、设计调查方案、收集和分析数据，这些活动有助于提升学生的综合素养和实际操作能力。

价值观目标。通过社会调查活动，学生能够亲身体验社会生活，了解社会的多样性和复杂性，从而培养对社会的同情心和正义感。同时，学生在调查中会接触到各种不同的社会现象和问题，这有助于他们构建正确的价值观和世界观。

2. 主题

一般社会调查的主题是相当广泛的，在思政课社会活动教学的语境里，社会调查活动的主题相对而言更加集中，通常围绕以下几个方面：

社会热点问题。关注当前社会的热点问题，如环境保护、社会公平、就业压力等，如 2022 年东莞市学生社会调查报告获一等奖的作品里有围绕着“双减政策”“垃圾分类”和“学生职业发展规划”等方面的调查，这样有利于引导学生关注社会发展，培养学生的社会责任感和责任意识。

历史文化传承。关注和研究本土的地方历史与本土文化相关的主题，如当地非物质文化遗产的保护、历史街区的保护与开发等。如学生调查“中堂镇粤曲传承情况”“东坑镇卖身节现状”等具有地方特色的历史文化，能够增强学生对本土文化的认同感和自豪感。

社区发展与服务。关注社区居民的生活状况、社区服务设施的完善程度等，鼓励学生参与到社区建设和服务中，如学生调查“居民对社区公共图书馆的使用现状”并提出完善建议等，这不仅能够带动他们积极参与公共生活，还可以提升他们的社会责任感和服务意识。

学生生活实际。如校园文化、学生消费观念、学习压力、课外活动参与度等，学生关注“高中生预防电信诈骗情况”“历史类和物理类选科学生阅读情况”等贴近学生生活的主题，有助于他们从自身出发，进行深入的思考和调查。

思政课程教学要求。在思政课教师的指导下，学生有意识地将课本所学知识与社会现实相联系，关注社会主义核心价值观的实践、公民道德建设、法治教育等，如学生关注“高一年级爱国主义教育的情况”“关于东莞市莞城街道囍舍文创园的民营经济发展状况”等，这些主题有助于学生将课堂所学与社会实际相结合，深化对课程内容的理解。

（三）过程与方法

1. 调查前的学习与指导

在开展社会调查活动之前，教师应该对学生进行充分指导，学生应该对社会调查的相关知识和能力做好相应的准备，良好的学习和必要的指导是确保活动顺利进行并取得预期成效的关键。在这一过程中，学生能否有效掌握社会调查的基本方法和技能，还关系到他们能否深入理解调查活动的意义和目标，能否科学合理地开展社会调查活动。

第一，理论学习与方法培训。教师组织学生进行相关的理论学习，包括社会调查的基本概念、原则、流程以及常用的调查方法，如制定、发放和回收问卷，分析和研究数据，制定访谈提纲，选取访谈人物，做好访谈记录等。通过理论学习、案例分析等方式，帮助学生建立起对社会调查活动的初步认识和基本理论框架。在理论学习基础上，要针对具体的调查方法，进行详细的操作培训和示范。例如，对于问卷调查，教师可以讲解问卷设计的原则、技巧，以及如何通过线上或线下方式有效发放和回收问卷；对于访谈法，则可以指导学生设计访谈提纲，进行访谈技巧的训练，以及记录与整理访谈数据等。

第二，团队分工与能力提升。社会调查活动要走进社会生活，必不可少要与各式社会人员沟通交流，因此还要注重学生其他相关技能的提升，如数据分析能力、团队合作能力、沟通能力等。思政教师可以通过组织小组讨论、模拟调查、数据分析软件操作培训等形式，让学生在实践中学习和掌握相关技能，让学生在实际操作时更从容。

第三，安全教育与情感动员。在社会调查活动进行前，必须对学生开展安全教育。社会人员成分复杂，陌生地形、天气变化等因素均可能导致学生的人身安全受到威胁。因此，教师应向学生强调安全意识，教授他们在调查过程中可能遇到的安全问题和应对措施，如个人信息安全、人身安全、交通安全等，确保学生在调查过程中能够保护自己的人身和财产安全。在保证安全的前提下，通过分享社会调查的重要性和意义、展示往届学生的优秀成果和感人故事等方式，激发学生对社会调查活动的兴趣和热情，更加积极地投入社会调查中。

2. 确立适合的调查主题

完成调查前的准备工作后，下一步就是确立一个既符合思政课教学要求，又能激发学生兴趣与热情的适合主题。

引导学生依据兴趣自主选题。鼓励学生根据自身的兴趣与关注点，自主提出计划调查的主题，以此激发学生的主动性和创造性，确保调查内容贴近学生生活，更具现实意义。除此之外，教师可以通过小组讨论、头脑风暴等形式，引导学生从上述五大主题方向（社会热点问题、历史文化传承、社区发展与服务、学生生活实际、思政课程教学要求）中发散思维，寻找自己感兴趣且具有研究价值的主题。

结合时政及本土特色筛选选题。在学生自主选题的基础上，教师结合当前时事热点和当地历史文化特色进行筛选和指导。例如，当前社会正热议传统文化传承的问题，教师可以引导学生关注本地区特色的传统文化继承的情况，如“东莞市中堂镇龙舟文化传承情况”“东莞市千角灯制作技艺非遗传承情况”“清远千年瑶寨文化传承情况”等诸多体现地区文化特色的选题；再如当前科学教育愈发受到重视，则可以引导学生对此展开深入的调查。

选题要体现社会责任与人文关怀。在确立主题时，教师应强调社会责任与人文关怀的重要性，引导学生在选题时关注能够反映社会问题、促进公平正义、增进人民福祉的调查主题。比如，“东莞市‘无废城市’情况调查”“守护银龄老人建设平安家庭的情况调查”“东莞市河道治理状况调查”等，学生在调查过程中不仅能够学到知识，更能培养起强烈的社会责任感和人文关怀精神。

评估选题的可行性与资源支持。在确定具体主题前，教师还需对主题的可行性进行评估，并考虑学校、社区、社会等能否提供必要的资源支持。包括调查对象的可接触性、数据的可获得性、调查工具与技术的适用性，以及是否能够得到相关机构或专家的指导与帮助等，以确保所选的调查主题具有研究价值，同时能在实际操作中顺利开展。

3. 流程化开展调查活动

社会调查活动主题确立后，就可以开始按照一定流程开展活动。

第一，组建调查小组。一般而言，学生自主组建调查小组，合理控制小组人数，4 至 6 人为宜。每个小组尽可能包含不同能力的学生，以便在调查过程中能够相互补充、共同进步。同时，小组成员内部应明确分工，如组长负责统筹安排，组员 1 负责收集一手数据，组员 2 负责数据分析等，每个成员都能发挥自己的优势，为调查活动贡献自己的力量。

第二，制订详细计划。计划应明确调查目标、任务分配、时间节点、预期成果等关键要素。在制定计划的过程中，学生可以清晰地了解自己在调查活动中的角色和责任，从而更有针对性地准备和执行调查任务。

第三，实施调查活动。在调查活动实施过程中，教师应密切关注各小组的进展情况，及时提供指导和帮助。学生可以按照计划进行问卷调查、人物访谈、社会观察等调查活动，并认真记录和分析数据。同时，教师还应鼓励学生与调查对象建立良好的沟通关系，尊重他们的意愿和隐私，确保调查活动的合法性和伦理性。

第四，数据分析与总结。调查活动结束后，各小组可以在教师指导下运用统计软件或图表等工具对收集到的数据进行整理和分析，将数据转化为直观的图表和结论。并在此基础上撰写调查报告或论文，对调查结果进行总结和反思。

4. 指导撰写调查报告

在社会调查活动结束后，学生对收集的数据整理分析，开始撰写调查报告。教师在指导学生撰写调查报告时，应注重培养学生的逻辑思维能力、分析能力和表达能力。

第一，明确报告结构。一份完整的调查报告通常包括以下几个部分：标题、摘要、引言、方法、结果、讨论、结论和建议等。学生在撰写调查报告时应按照这一结构进行撰写，确保报告内容条理清晰、结构完整、逻辑严谨。

第二，强调数据的准确性和分析的深度。教师要指导学生对收集到的数据进行仔细的整理和分析，并运用适当的统计方法和图表工具让数据呈现更加直观可视化，并注意数据的准确性和分析的科学性。同时，挖掘数据背后的原因和规律，避免只是停留在表面的描述。

第三，注重报告的可读性和规范性。报告的可读性对于读者理解调查结果至关重要，因此教师在指导学生撰写报告时要注意报告的排版和语言表达，简洁明了，条理清晰，同时注重规范性，包括引用文献的规范、图表标注的规范等，培养学生严谨的学术态度。

第四，引导学生进行反思和修改。撰写报告不仅是对调查结果的总结，更是对学生自身学习过程的反思。教师可以引导学生在报告中反思调查过程中的得失，总结经验教训，提出改进措施，同时可以请老师和学长对报告进行点评。学生可以了解他人对自己报告的看法，发现报告中的不足之处，进一步完善报告内容。

（四）成果与评价

社会调查活动的目的不是为了撰写报告，而是为了培养学生的能力和素养。在调查报告完成后，教师可以组织学生进行成果展示与分享活动。各小组可以通过 PPT、视频、海报等形式展示自己的调查成果和心得体会。通过成果展示与分享，学生可以相互学习、借鉴经验，同时也能增强自信心和成就感。教师还可以邀请相关领域的专家或学者对学生的成果进行点评和指导，进一步提升学生的专业素养和实践能力。

第一，设立评价标准。提前设立明确的评价标准，标准应涵盖调查活动的各个方面，包括计划制定、团队合作、数据收集、分析能力、报告撰写以及成果展示等。比如我们组织开展的“东莞市高中生社会活动成果征集活动”中，调查报告类的评价标准就从“报告的格式是否规范”“报告是否图文并茂”“报告分析是否深度”等角度设置了三个层次的标准，以便于学生和教师都能清晰地了解评价的依据。

第二，评价与反馈。组织社会调查活动要有完整的评价和反馈机制，在评价过程中，鼓励学生进行自我评价和同伴评价。自我评价有助于学生反思自己的表现，明确自己的优点和不足。同伴评价则可以促进学生之间的相互学习和交流，帮助他们从不同的角度看待问题。教师对学生的整体表现进行客观公正的评价，并提供具体的反馈意见，能够帮助学生在未来的学习和实践中取得进步。

第三，成果展示与激励。现阶段社会调查成果有国家、省区、市县、学校的各级评比表彰活动。学生展示他们的调查成果和心得，不仅能够获得成就感，还能从其他同学和教师那里获得认可和鼓励。东莞市连续多年举办思政课社会活动成果征集活动，每年评选出一批优秀作品，并对学生和指导教师进行表彰。活动一直广受教师、学生和家长及社会各界的好评。

附件：社会调查报告案例参考

关于高中生参与公共事务的调查研究

以东莞中学为例

学　　校：东莞市东莞中学

小组成员：王雅闻　曾彬铖　阮思诺

指导老师：陈月强

【摘要】本课题通过对东莞中学500多名高中生的两次调查，掌握了解高中生参与公共事务的现状，发现高中生参与意识较强，但参与行为仅局限在学校及班级范围内；并发现在少数高中生中存在事不关己的观念，以及对社会事务漠不关心的错误倾向。通过对不同人群的对比分析，还发现文科生社会参与意识整体高于理科生，女生社会参与意识整体高于男生。本研究还发现学生个人成绩、父母学历和职业背景并不必然影响学生个体的参与意识。本课题分析了产生这些问题的社会、学校、个人原因，并提出了提升高中生公共参与意识的建议和对策。

【关键词】高中生　社会参与　调查研究

目　录

（四）反思与专家评议

（五）问卷的修订及二次调查

（六）撰写和修改研究报告

三、调查的主要结果及其分析

（一）初次调查的数据分析

（二）第二次调查的数据分析

（三）高中生参与公共事务的现状

（四）成因分析

（五）提升高中生社会参与意识的建议和对策

四、研究反思与小结

（一）调查研究也是一次成长的历

（二）调查研究本身就是一种行动参与

（三）社会参与实质就是一种责任和担当

参考文献

附　　件

专家点评

三年回悟

正　文

一、研究的设计

（一）研究背景

理性参与社会公共事务是每个公民的必备素质，更是一个中学生社会责任感的重要体现。公共事务与每个人的生活息息相关，在学生时代开始关注社会事务、参与学校事务和班级事务的管理是培养学生理性参与意识的重要途径。作为高中生，我们在关注时事作出评论时，在参与班级管理、校学生会或社团民主选举、向学校提出意见和建议时，在参与校内外社团或社会公益活动时……我们已经在进行着参与公共事务的实践，参与公共事务已然成了我们生活中的一部分。参与公共事务是公民权利的具体体现。

改革开放不断深化的中国，用更加开放、包容和民主姿态展现在世人面前。在我国社会主义民主法治建设得到大力推进的当下，公民对公共事务的关注度不断提高，参与意识也不断增强。社会的发展要求作为社会主体的公民必须提高参与公共事务的能力和素养。因此，在我们自由表达自己的意见的同时，理性参与显得尤为重要，对发展社会主义民主政治也具有重大意义，而实现依法、理性地参与，需要我们明确参与公共事务的意义和作用，需要我们掌握一定的政治知识。

然而，由于青年学生看问题容易偏激，情绪容易激动，在积极参与公共事务的同时，也可能由于观点不同、看问题方法不当、情绪不受控制，导致参与行动的非理性化。近年来网络骂战以及人身攻击等社会乱象的频频出现，让我们对社会部分公民的政治素养产生怀疑，进一步发现在公民群体中对于公共事务的参与仍存在着大量的不了解、漠视，甚至是偏激的行为。我国公民的公共素养究竟达到了怎样的水平？学校、政府、社会又应在哪些方面着力引导公众等系列问题引起了我们的好奇与关注。

本研究决定选取身边的高中同学为调查样本，希望通过调查，对当今社会的公共参与状况有更加清晰的了解，并在此基础上希望找出解决问题的有效方案。

（二）研究内容及重难点

第一，研究内容：在校高中生（15—18 岁）参与公共事务的现状；影响高中生社会参与意识的因素；提出提升高中生公共参与意识的建议。

第二，重点与难点：重点是分析影响高中社会参与意识的因素；难点在于问卷编制的科学性，揭示数据背后内容的分析方法。

（三）研究目的

1. 调查了解在校高中生对校内外公共事务的参与情况。

2. 通过调查了解在校高中生对社会公共事务的态度。

3. 发现高中生在参与公共事务中可能存在的误区，引导理性参与公共事务。

4. 增强高中生理性参与公共事务的意识，提高其民主表达、民主监督、民主参与能力，提升其社会参与素养，鼓励其投身于社会民主政治建设。

（四）研究方法

1. 文献研究法：查阅有关中学生社会参与研究的有关文献，了解社会参与的基本形式和途径，及其影响因素。掌握课题研究的基本方法，掌握课题研究报告的撰写要求。

2. 问卷调查法：在文献研究和对同学访谈的基础上，编制调查问卷，通过对东莞中学高中三个年级 2800 多名学生进行整体分层抽样，每年级选取 2 个班进行抽样调查。

3. 数据分析：运用数学课所学的统计学基本知识，对调查数据进行分析，了解高中生社会参与现状及其影响因素。

（五）课题组分工与规划

1. 分工情况。3 人共同完成文献学习并分享；问卷编制由曾彬铖牵头，其他 2 人配合；调查问卷的发放与回收，3 人各负责 2 个班；数据分析由王雅闻牵头，其他 2 人配合；原因及对策分析阮思诺牵头，其他 2 人配合。研究报告由 3 人分别执笔一部分，共同完成。

2. 研究计划。2015 年 8 月至 11 月完成，8、9 月完成文献研究、问卷编制和调查；10 月完成数据分析；11 月写出报告初稿，交指导教师审阅并修改。

二、调查研究的实施

（一）文献研究及问卷的编制（2015 年 8 月至 9 月）

在指导老师的指导下，确定课题后，通过百度文库和中国知网，搜索中学生公共参与的有关文章及现有调查研究，其中既有专家学者写的研究文献，主要是分析社会参与意识的内容和概念、影响因素，学校如何培养中学生参与社会事务的能力，理论层次高，但缺乏调查，没有来自学生的鲜活数据和材料；也有其他地区过往中学生所做的类似调查，大多是就某一地或某一事进行调查，具有当时当地的特点，因此具有一定的片面性。

从文献阅读和参考中，得到两方面的启示，一是从专家论文中了解到了社会参与的基本内容和理论框架，二是从其他地区中学生的类似研究中得到了研究方法和思路的启示。

经过两周的小组讨论，《高中生参与公共事务调查问卷》于 9 月上旬正式完成，由导语和正文两部分组成，共 13 题，其中有 5 题为套题共 18 问。有部分内容选取 8 月底至 9 月初发生的大事为情景，调查了解高中生对国家大事的关注度；还有部分选取日常生活中的情景了解高中生社会参与情况。问卷编写时特别强调语言的鲜活和轻松，力求符合同学们的口味，使他们更认真地参与到调查中来，更认真地答题。

（二）初次调查的实施及数据录入（2015 年 9 月中、下旬）

研究小组 3 人每人负责一个年级，分别选取了高一至高三的（2）班和（10）班，共 285 人作为被调查对象。利用下午第 8 节自习课，经与所在班班长商量，并得到全班同学许可，发放问卷，用半节课的时间顺利完成了问卷调查。

调查共发出问卷285份，回收282份，回收率98.9%，有效问卷276份，有效率97.9%。在整理时所有题项均答同一选项的或未答完50%的均视为无效问卷，数据不录入。数据主要通过手工统计，得出每个选项的频数和比例。工作量比较大，研究小组成员每人都邀请其他同学帮忙，两人一组，一个唱票，一个记录，然后三人汇总。再运用Excel 2003软件生成饼状图，形成了初次调查的基本结果和报告。

（三）分析调查结果、形成调查报告（2015年10月上旬）

通过对调查回收的数据进行分析，了解到被试（接受调查的对象）对重大社会新闻、国内外大事、社区事务的参与、学校和班级事务的参与、参与方式等有关内容的情况，形成了以数据为主的调查结果报告，简要分析中学生社会参与中存在的问题及影响因素，提出了提升中学生社会参与意识的建议。

（四）反思与专家评议（2015年10月中旬）

调查报告出炉后，研究小组成员分别撰写了研究心得和感想。报告上交后，指导老师邀请了心理学教师、东莞市政治教研员对调查报告进行审阅和评议，提出了修改意见和建议：

1. 问卷不规范。一是问题设置语言不简练可能存在歧义；二是主题不集中，各题项并不能集中反映公共参与这一研究主题，“理性参与”这一内容体现不够；三是学生背景资料太少，无法做分类研究。建议重新设置问卷，围绕社会参与这个主题，从国家事务、社会事务、学校和班级事务三个层面设题，重点调查高中生社会参与意识，主题更集中；全卷使用里克特5点态度量表设计方法，便于后续统计和分析。

2. 数据分析太简单。只有每题的百分比数据，而没有形成每个数据之间的关系，因而是一个个孤立的数据，无法进行各种分类比较、相关性分析。建议向数学教师请教统计方法和数据分析的知识，建议指导老师与研究小组共同完成数据的深层次分析。

3. 调查报告要更加重视研究过程的梳理。中学生参与社会实践本身就是培养社会参与意识，是一种参与方式的亲身体验和学习，调查报告的撰写要更加重视研究过程。重点写出你做了什么，怎么做的，过程规范了，结果才有可信度。

（五）问卷的修订二次调查（2015年10月下旬至11月上旬）

1. 根据评议专家的审阅意见，在陈月强老师的指导下，编制完成了新的问卷《高中生参与公共事务调查问卷》，共分三部分：第一部分是导语。第二部分为学生背景调查，包括9个题，主要是考虑到学生的性别、年级、文理分科、成绩、父母的情况可能会影响高中生的社会参与意识，所以从这几个方面设题。第三部分是社会参与的题项，共20题全部运用5点式表达，1—5个选项能直接表明答题人在这件事上的态度认可等级，比第一次调查时“是”与“否”的选取科学合理，具有可计算和比较的功能。

2. 调查的基本情况。第二次调查在3个年级各选取2个班，均不同于第一次调查的班级。有了第一次调查的经验，本次问卷发放轻车熟路，较快完成。发出问卷277份，回收有效问卷273份，有效率98.6%。

3. 数据的录入与处理。这一环节是本次调查成功与否的关键，也是区别于第一次调查的重要过程。本次数据录入，是通过Excel 2003表格，把每一份问卷的29个数据录为一组，形成表格。再在老师的指导下进行均值比较、分类统计、对比统计、简单的相关性分析，信度和效度检验由老师帮助完成。

（六）撰写和修改研究报告（2015年10月至11月）

研究报告的撰写分为两个阶段，10月份完成了第一次调查的数据统计及建议内容的相关报告，其中数据统计以饼状图反映各题的比例，并简要说明所反映的问题。11月份完成第二次调查后，对研究过程进行了更深入细致的梳理，并就第二次调查的结果形成报告。

教师指导

第一次调查

第二次调查

小组研讨

问卷统计

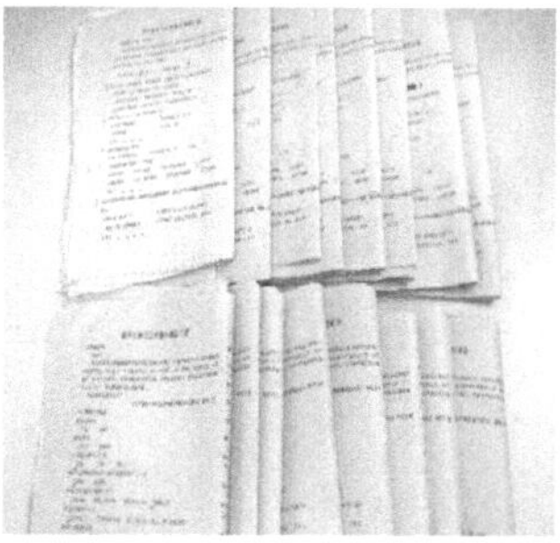

两次调查的问卷

三、调查的主要结果及分析

本研究先后进行了两次调查，第一次调查共发出问卷 285 份，回收 282 份，回收率 98.9%，有效问卷 276 份，有效率 97.9%。在整理时所有题项均答同一选项或未答完 50% 的均视为无效问卷，数据不录入。数据主要通过手工统计，得出每个选项的频数和比例。

第二次调查在 3 个年级各选取 2 个班，均不同于第一次调查的班级。有了第一次调查的经验，本次问卷发放轻车熟路，较快完成。发出问卷 277 份，回收有效问卷 273 份，有效率 98.6%。本次数据录入，是通过 Excel 2003 表格，把每一份问卷的 29 个数据录为一组，形成表格。再在老师的指导下进行均值比较、分类统计、对比统计、简单的相关性分析。

（一）初次调查的数据分析

1—2. 九成以上同学主动了解或者在媒体宣传下知道了抗战胜利 70 周年的有关信息，并且绝大部分同学在家中有收看阅兵现场直播。但还有小部分同学心思主要在放假上，并不在意放假的具体原因，对国家重大公共事务较为冷漠。

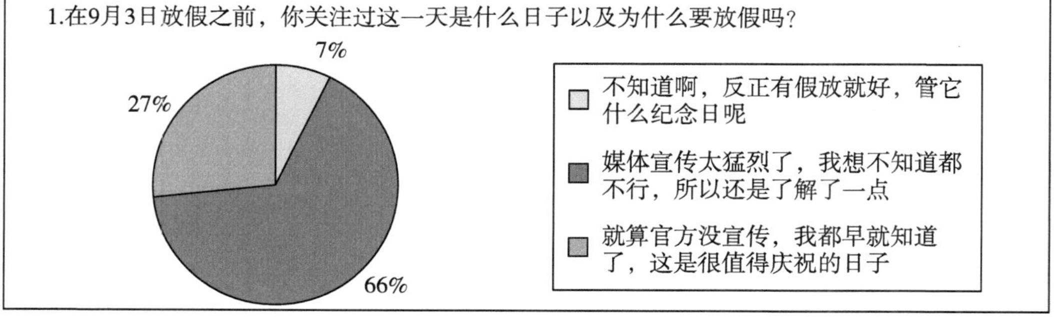

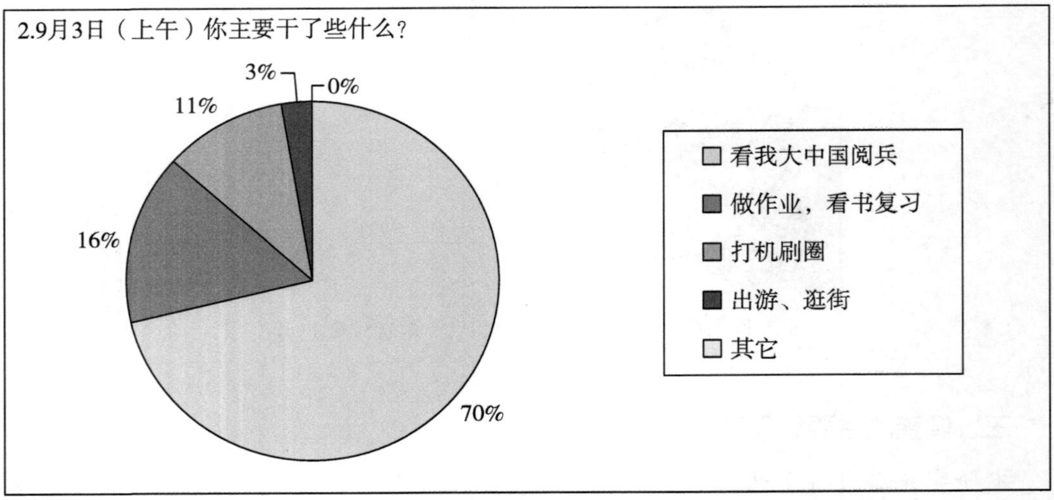

3. 学校给每个班都订阅了报纸，但坚持每天阅读新闻的同学只有53人，甚至还有23人不看新闻。国内新闻、国际新闻都得到大部分同学们的关注，但超过50%的同学关注娱乐和体育新闻较多，民众生活、政治军事等方面的新闻也有较多关注。

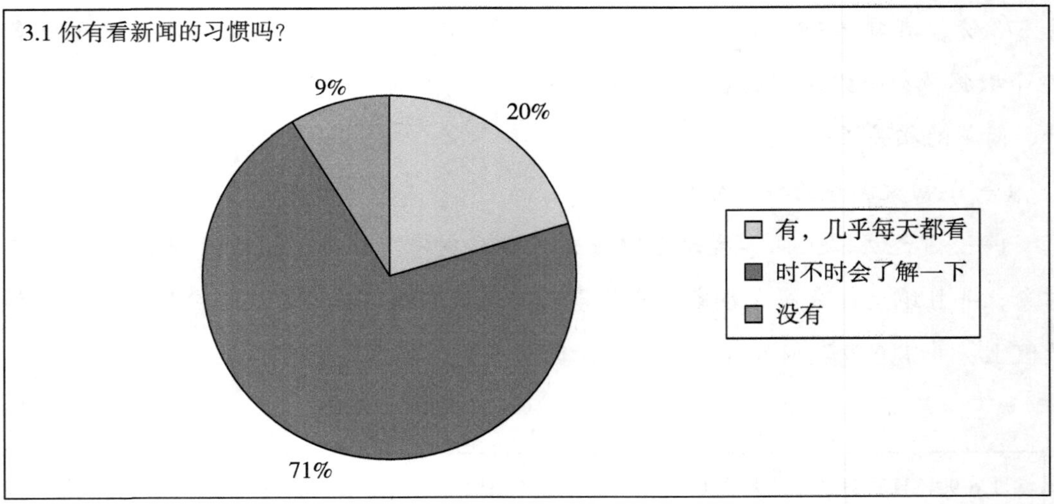

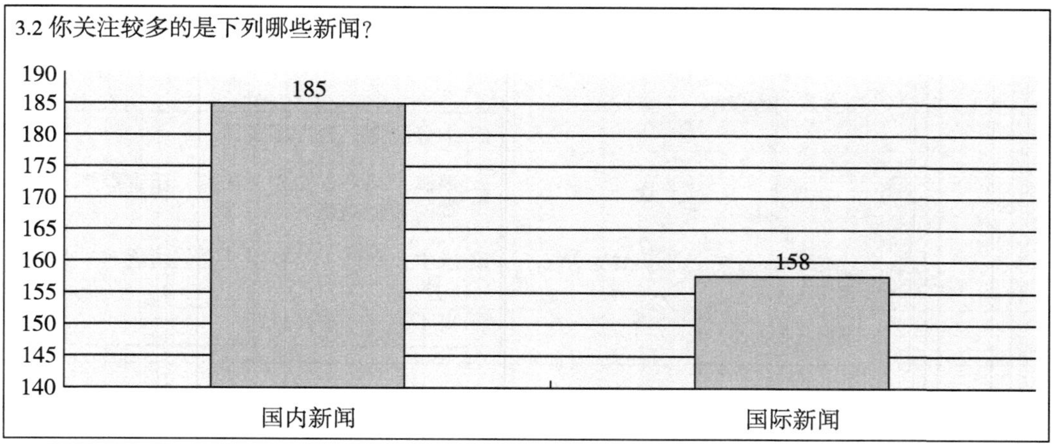

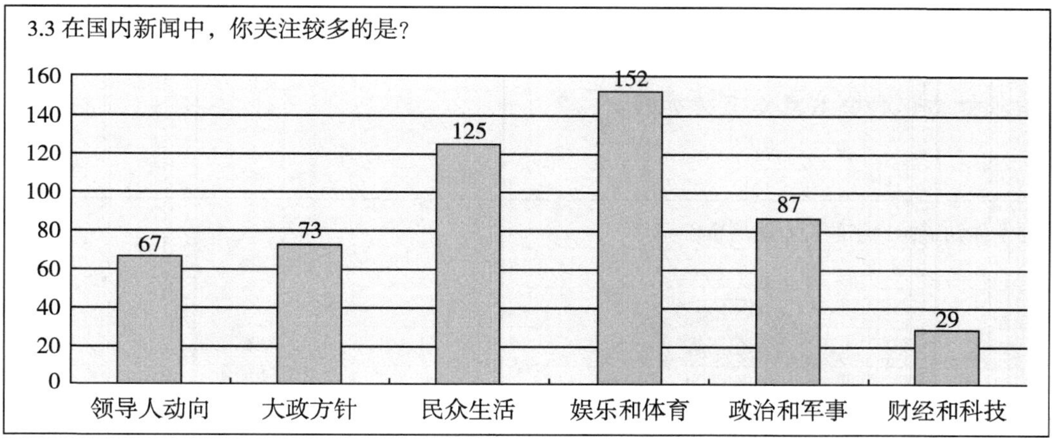

4. 天津港危化品爆炸事件发生后，大部分同学在为遇难者哀悼，同时表示了对肇事者的强烈谴责；但也有21%的同学采用事不关己的态度，这种对他人生命的漠视是非常令人忧虑的。

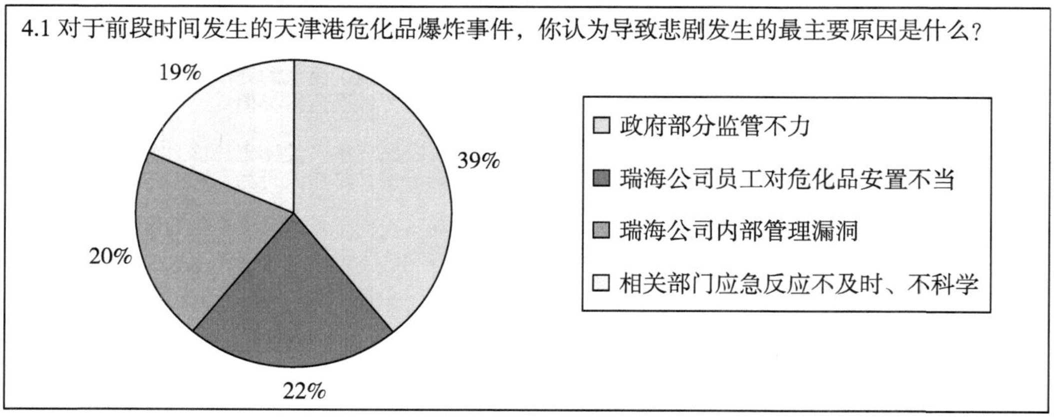

4.2 听到消息后你的第一反应是？（心情或行动）

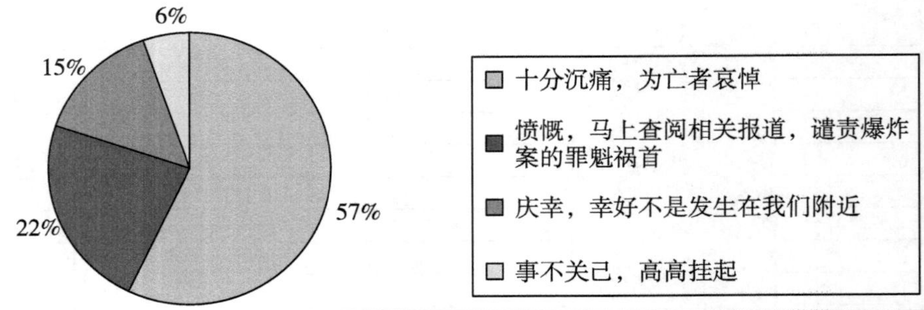

5. 绝大部分同学都知晓日本购岛事件，且大部分同学能理性看待部分民众反日的某些过激行为，正确判断。但也有6人对此持支持态度，3人认为与自己无关，他们的理性意识和公共意识有待加强。

5.1 你知道2012年的日本购岛事件吗？

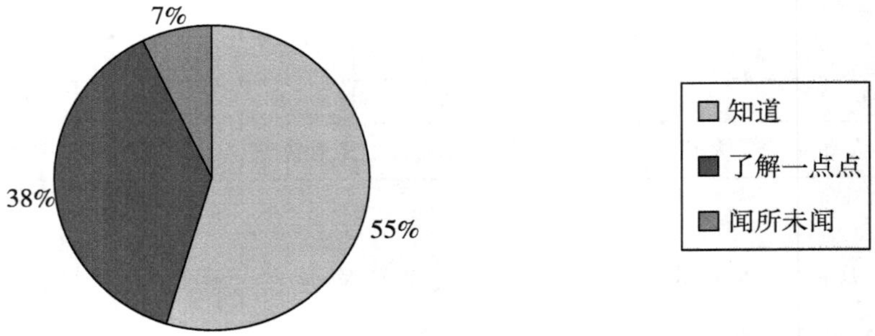

5.2 因日本购岛事件严重侵犯中国主权，极少数民众愤而砸烧日本店、日本车，请问你对这类事件的看法是？

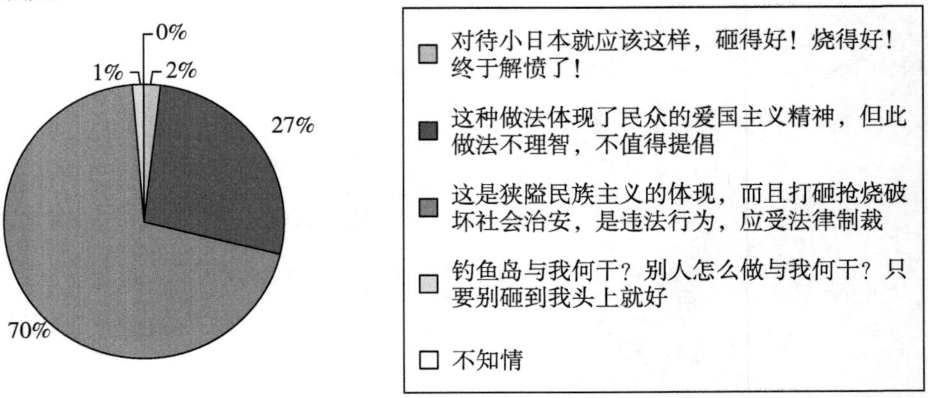

6. 大部分同学能从社会公共利益出发看待征用渔船这件事，认为必要时可以牺牲个人利益维护公共利益，同时也有相当部分同学认识到要兼顾利益的平衡。

6.长江沉船事故发生后，为了加快营救速度，救援队伍征用了附近的民用渔船，对此你的看法是？

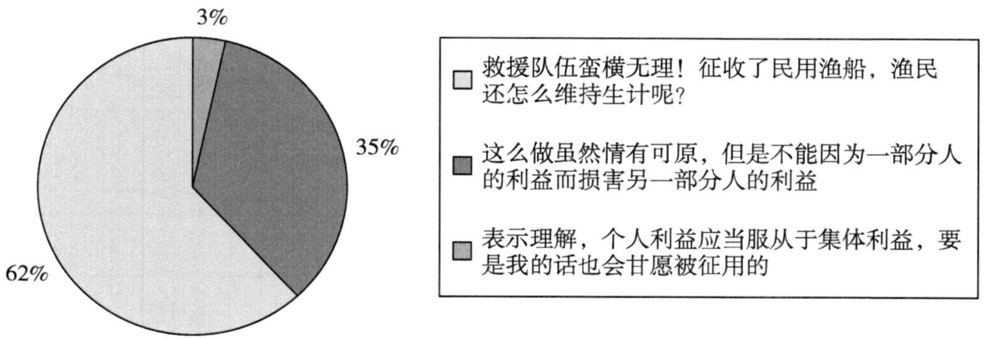

7. 大部分同学没有参加过网络骂战，参加过的同学们也普遍认为自己当时措辞得当，没什么不对的地方，但也有少数同学认识到自己有不文明或不尊重别人的行为。

7.1 最近网络骂战愈演愈烈。你参加过网络骂战吗？

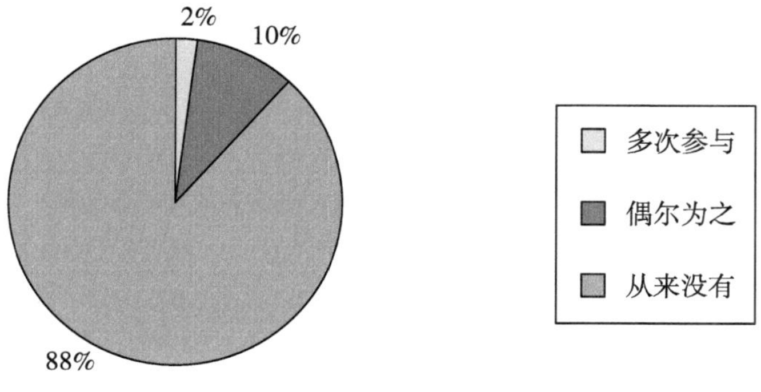

7.2 你认为自己当时的言论

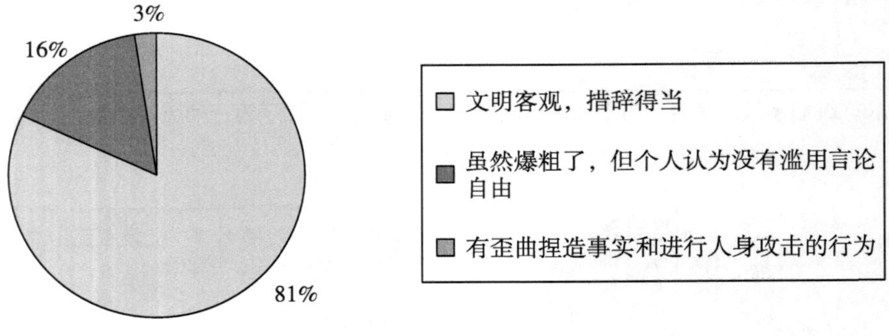

7.3 事后有什么感觉或认识？

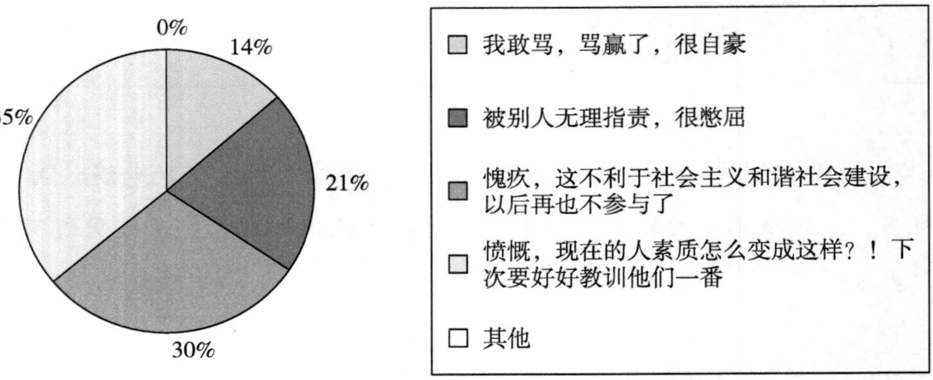

8. 参与过基层民主管理活动的同学不到半数，六成同学从未接触过。而且接触过的同学中大部分也是因为自己有需要才参加的。

8.你熟悉你所在社区/村的居委会/村委会吗？你有参与过它们的管理活动吗？

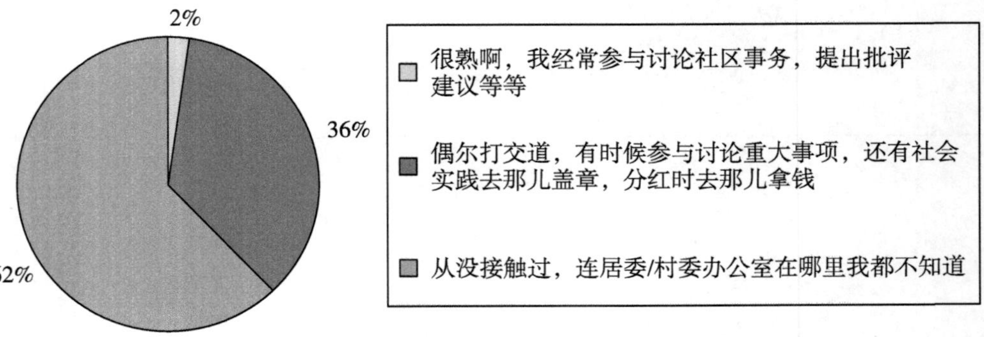

9. 大部分同学都参加过公益服务组织。在公益活动中遭遇不解时，大部分同学会尝试解释并作出改进，而不是选择轻易放弃。

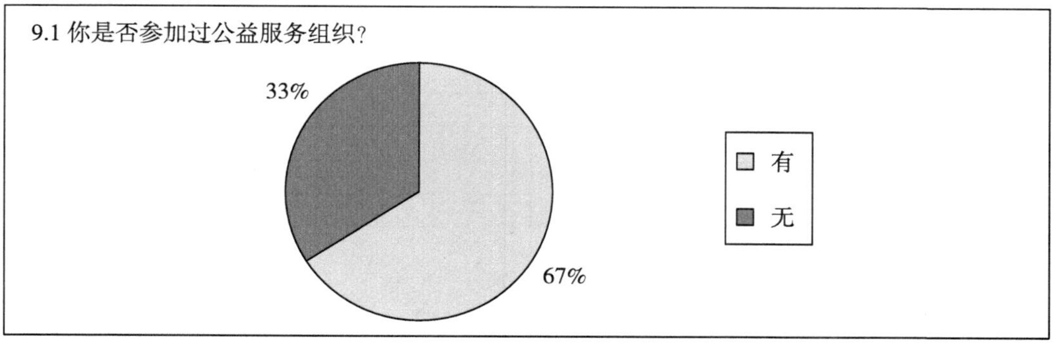

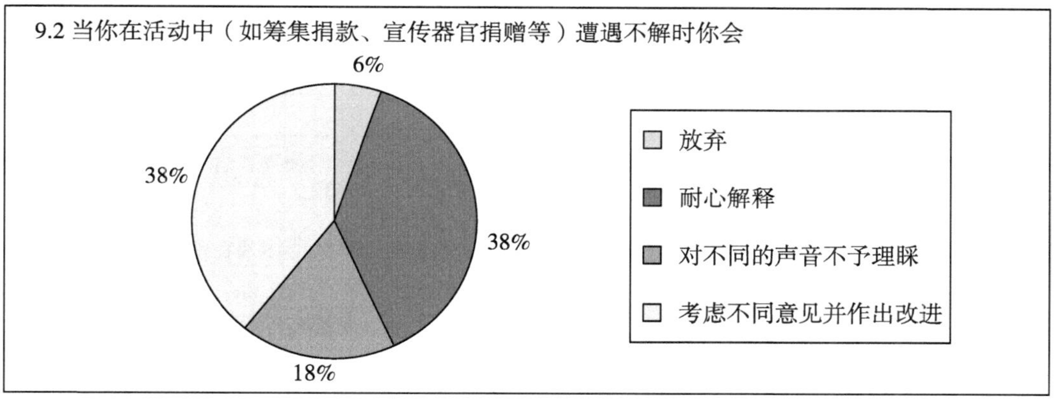

10. 日常生活发现影响公共安全的隐患时，近半数的同学只是考虑维护自身或亲朋好友的安全，也有三成多的同学采取更积极的方式维护公众的安全，但是却有近一成半的同学选择了漠视。

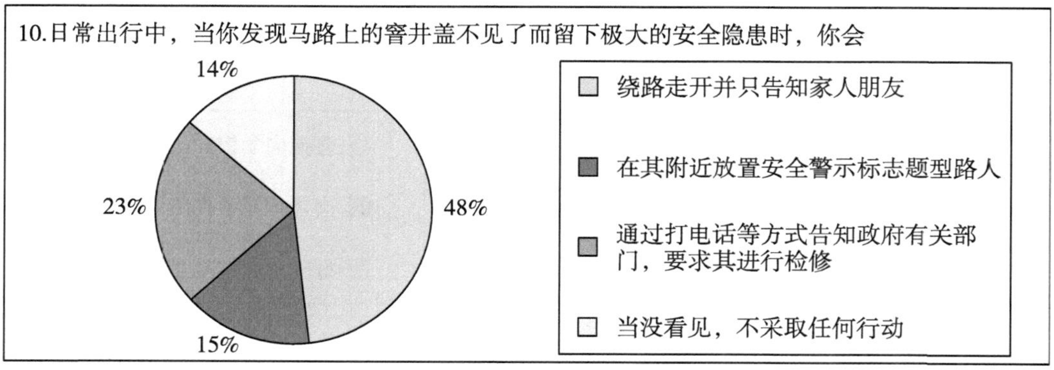

11. 对于学校内组织的各种民主活动，近半数的同学认为没有什么实际用处，只是走个形式。

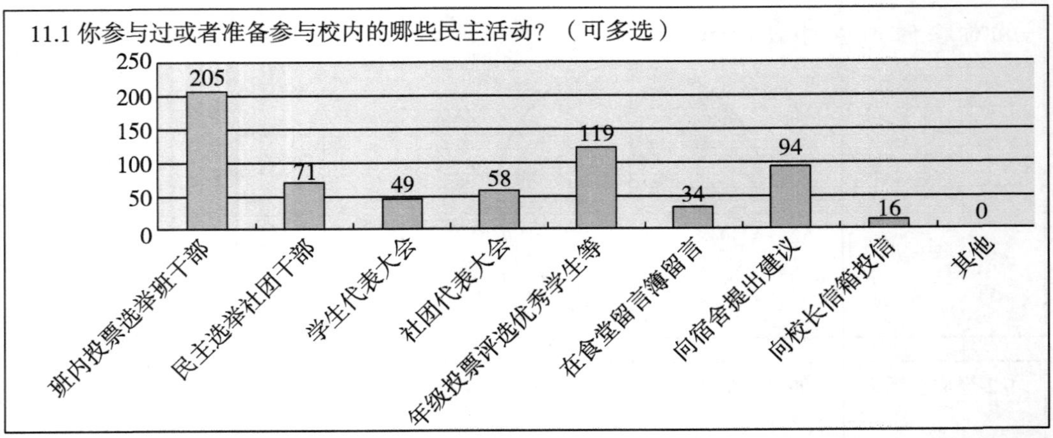

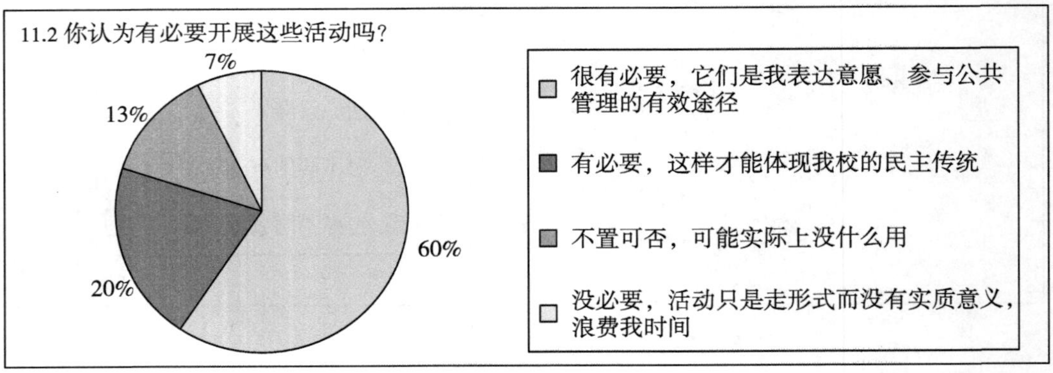

12. 在学校开展的评选优秀学生的活动中，对于不赞同的人选，半数同学会接受，只有极少数同学会主动提出异议。

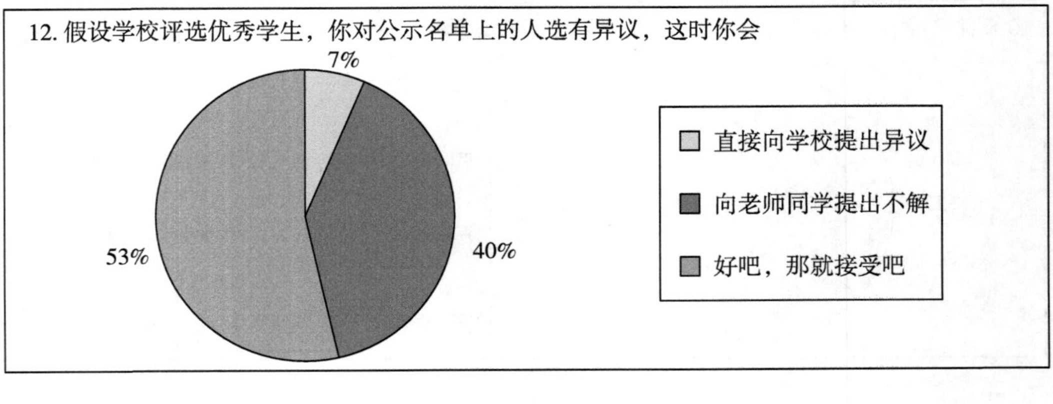

结束对问卷的整理分析后，我们得到了较详尽的数据。令人感到欣慰的是，数据显示出大部分高中生关注社会走向，关心国家大事，能够辩证地看待社会问题，理性地参与公共事务，拥有较为健康的价值观。青少年学生作为国家与民族的希望，有如此的思想与觉悟，无疑代表着社会的进步，让人们对于美好的将来与光明的前程更加笃定。然而，尽管数据给我们带来了这样或那样的希望，但其中暴露出来的问题却是不容小觑的，若视而不见，不加以引导与解决，那么希望可能成为奢望，社会可能停滞不前抑或往坏的方向发展。因此，以下将从暴露出来的问题、出现这些问题的原因以及针对这些问题的解决方案三方面进行论述，以达到我们开展这项调查研究的目的。

（二）第二次调查的数据分析

经专家审阅和指导教师的指导后，研究小组对问卷进行了规范化、主题集中化的修改，进行了再调查，第二次调查侧重于数据间关系的比较，在老师的指导下完成了均值的比较分析。经指导老师用 SPSS 分析问卷信度较好，Alpha 值为 0.773；问卷内部一致性佳，经老师审定，20 个题可归结为对社会事件关注度、社会参与重要性认知度、社会参与的行动、影响因素，具有较好的效度。研究小组成员都还较缺乏这些专业的统计软件操作，只掌握了初步统计知识，因此，暂时只以均值比较和百分比统计来反映各题项之间的比较关系，更深入的相关性分析等内容，留待将来进一步学习和挖掘。

表 1　各题均值及标准差

	N	均值	标准差
B1 你平时关注国内新闻吗？	273	3.60	0.726
B2 你平时关注国家的大政方针吗？	273	3.21	0.824
B3 你平时关注国际新闻吗？	273	3.56	0.803
B4 你平时关注东莞本土新闻吗？	273	3.23	0.831
B5 你平时关注所在村或社区发生的重要事件吗？	273	3.02	0.976
B6 你平时关注所在学校发生的重要事件吗？	273	3.98	0.788
B7 你对各种新闻热点事件的关注受父母影响的程度	273	3.19	1.001
B8 你对各种新闻热点事件的关注受老师影响的程度	273	3.24	0.963
B9 你对各种新闻热点事件的关注受同学影响的程度	273	3.27	0.952

（续表）

B10 你有参与过为当地政府建言献策的活动吗?	273	1.61	0.921
B11 你认为普通市民的意见或建议对当地政府决策的重要程度	273	3.94	0.965
B12 在社会热点事件讨论中，你有通过论坛、微博等方式参加过跟帖或回帖吗?	273	1.87	1.030
B13 你认为你的跟帖或回帖是	273	3.74	0.806
B14 你参加本村（或本社区）的公共管理活动吗?	273	1.77	0.997
B15 你认为本村村民（或本社区居民）的意见或建议对该村（或社区）公共管理的重要程度	273	3.97	0.981
B16 你参加过公益组织或公益活动吗?	273	2.88	0.974
B17 你认为这些公益活动对改善他人处境或社会状况的重要程度	273	3.82	0.861
B18 当你发现涉及公共安全的问题时，你会采取必要的维护措施吗?	273	2.86	1.015
B19 你有为所在班级或所在学校的发展建言献策吗?	273	3.08	0.926
B20 你认为学生的意见和建议对推动所在班级发展的重要程度	273	4.24	0.852
有效的 N	273		

由表 1 可以看出：

1. 行动参与少

得分最低的几项分别是："B10 你有参与过为当地政府建言献策的活动吗？" 均值为 1.61，有 61.9% 的同学 "从未参与"；"B14 你参加本村（或本社区）的公共管理活动吗？" 均值为 1.77，53.5% 的同学 "从未参与"；"B12 在社会热点事件讨论中，你有通过论坛、微博等方式参加过跟帖或回帖吗？" 均值为 1.87,75.1% 的同学表示 "从未" 或 "很少" 参与。数据表明大部分同学参与当地社会事务的行动较少。

2. 对社会参与的重要性有足够的认识

均值较高的有："B20 你认为学生的意见和建议对推动所在班级发展的重要程度" 为 4.24，有 83.5% 的同学认为 "重要" 或 "很重要"；"B15 你认为本村村民（或本社区居民）的意见或建议对该村（或社区）公共管理的重要程度" 为 3.97，有 71.8% 的同学认为 "重要" 或 "很重要"；"B11 你认为普通市民的意见或建议对当地政府决策的重要程度" 为 3.94，有 75.1% 的同学认为 "重要" 或 "很重要"；"B6 你平时关注所在学校发生的重要事件吗？" 为 3.98，有 76.1% 的同学认为 "重要" 或 "很重要"。

数据说明同学们对学校、班级事务关注和参与较多，同学们也意识到公民个人积极参与的重要性。

3. 对社会事务的关心受同学影响较大

从 B7、B8、B9 三题均值来看，同学们对新闻的关注受父母、老师、同学影响的差异性不大，均值大致相当，不过他们之间的排序是：同学 > 教师 > 父母，这是个有趣的现象，值得关注，同学们之间的相互影响超过了教师和父母的影响。

表 2　调查问卷总分情况

男	122	44.00	80.00	62.76	7.57
女	151	45.00	90.00	65.19	7.99
文科	101	44.00	90.00	65.36	8.62
理科	168	47.00	81.00	63.31	7.90

表 2 表明：女生参与意识略高于男生，文科生高于理科生。

20 个题项得分加总后，最高值为 90.00，最低值为 44.00，273 份有效问卷的平均值为 64.1，男生总分低于女生。在对所有平均值进行观察的过程中，父母学历差异、职业背景差异对社会参与总分未见显著差异性。文理科学生在总分上有较显著的差异，文科生高于理科生。

表 3　社会参与认知、关注、行动均值列表

	题号	N	均值	合计均值
参与重要性认知度	B11	273	3.94	3.99
	B15	273	3.97	
	B17	273	3.82	
	B20	273	4.24	
社会公共事务关注程度	B1	273	3.60	3.43
	B2	273	3.21	
	B3	273	3.56	
	B4	273	3.23	
	B5	273	3.02	
	B6	273	3.98	

（续表）

	题号	N	均值	合计均值
社会参与行动	B10	273	1.61	2.28
	B14	273	1.77	
	B16	273	2.88	
	B18	273	2.86	

从表 3 可知：高中生对于参与公共事务的重要性认识度较高，B11、B15、B17、B20 四题为对社会参与的重要性认知情况调查，均值为 3.99；而对公共事务的关注程度共 6 题，均值为 3.43；直接参与公共事务的 4 个题均值为 2.28。由此可见，高中生对公共事务参与的认知度高于对公共事务的关注度，以实际行动参与公共事务得分最低，也最为欠缺。这从另一个角度说明，当前的教育已经令高中生意识到社会参与的重要性，不能两耳不闻窗外事。但由于受学校生活和学习的限制，高中生没有过多的时间去参加校外的各种事务，关注点基本在学习和学校生活当中。

表 4　不同范围事务参与度比较

	题号	N	均值	合计均值
国内外大事	B1	273	3.60	3.46
	B2	273	3.21	
	B3	273	3.56	
当地事务	B4	273	3.23	2.74
	B11	273	3.94	
	B17	273	3.82	
	B18	273	2.86	
村社事务	B5	273	3.02	2.92
	B14	273	1.77	
	B15	273	3.97	

（续表）

	题号	N	均值	合计均值
校内事务	B6	273	3.98	3.77
	B19	273	3.08	
	B20	273	4.24	

由表 4 可知：高中生对校内事务参与度最高，3 题均值 3.77；国内外大事列第二，3 题均值 3.46；而村社事务、当地事务（东莞市域范围内）得分相当，与校内事务和国内外大事参与度显示出明显差距。由此可见，高中生关注国内外大事，积极参与校内公共事务，但对于身边的社区、当地事务参与少，关注度并非按距离远近递减，形成类似地理上岸—湖面—岛的等高线分布状，如图所示。

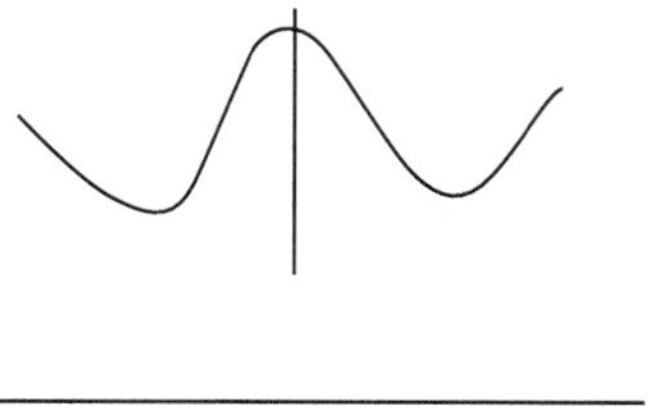

中心

（三）高中生参与公共事务的现状

1. 整体认识到参与的重要性，但部分学生参与公共事务的积极性不高

具体表现为不关心国家大事，不热心于社会、学校的公共事务，对国家外交冲突、文化政策知之甚少，不熟悉所在地的村 / 居委会，对学校的民主活动亦敷衍了事。

2. 有参与意识，但行动无力，或缺乏行动。存在对不公正的现象退避忍让、消极处理的行为

调查中发现，大多数同学在对校内优秀学生的公示名单人选有异议时，都会选择“被迫接受”，而鲜有人通过有效的方式直接向学校提出异议，为自己民主权利的实现进行斗争。

3. 参与方式欠妥，行使权利的同时未能履行应尽的义务

用网络骂战等不恰当的方式表达意见，存在骂脏话、人身攻击等不负责任的行为，不尊重他人人格，触犯他人权利而不自知。

4. 对身边的事有关注，但还欠缺更广阔的视野与胸怀

不热心于公益服务，没有身为社会一分子的责任感。在天津危化品爆炸事件发生后，竟有部分学生的态度是事不关己高高挂起。除此之外，还对某些社会危险现象视而不见，例如当发现道路上的沙井盖不见了后仍心安理得地当作看不见，不采取任何行动。

5. 由于学习与生活经历的限制，参与社会活动少，公共参与局限在班级和学校生活中

高中生关注国内外大事，积极参与校内公共事务，但对于身边的社区、当地事务参与少，关注度并非按距离远近递减，中间存在低洼地带。

6. 不同学生群体参与意识有差别

女生高于男生，文科生高于理科生；成绩因素、父母职业和学历背景对学生的参与意识无明显的影响。

7. 在社会参与上，同学之间相互影响高于教师、父母的影响，要重视这一现象

（四）成因分析

针对以上从问卷中暴露出来的问题，小组成员参考多方数据，比对分析，深入研究，透过现象看本质，我们认为出现以上问题的原因有：

1. 个人

（1）某些同学公民意识淡薄，参与公共事务的意识淡薄，没有维护社会公平正义的意识，不懂得争取并充分运用自己的民主权利去消除社会中不和谐的音符。

（2）某些同学“两耳不闻窗外事，一心只读圣贤书”，认为参与公共事务的管理纯粹是浪费时间与精力。只专注于个体而忽略集体，没能领会在社会与个人的统一中实现价值的深刻内涵，没有处理好社会与个人之间的关系。

（3）受中国传统的中庸观念的影响，学生参与公共事务的过程中多表现出退让的倾向，多倾向于和平了事，即使是面对不公正、不合理的现象，也大多不会采取相比之下较激进的合法捍卫自己权利的行为。

（4）在家庭成员的某些不当的言语及行为举止的长期熏陶下，部分同学耳濡目染地受到影响，形成了如极端、偏激等不健康的心理认知，左右了他们对于某一事件的

态度及处理方式。

2. 社会

（1）社会对于公民合法的民主权利没有进行更大程度的保护与尊重，法律条文、规章制度尚未完善；另外，社会没有提供足够多的时间空间和机会给学生参与管理，大部分高中生由于学业过于繁忙，课余时间被极大地压缩，从而无暇顾及公共事务的参与，只注重考试成绩的社会氛围严重扼杀了学生参与公共事务的欲望。

（2）“被扶老人讹钱”等社会恶性事件的频频发生，使部分学生心生畏惧，对社会现实感到失望，由此对公共事务的管理望而却步，导致他们对公共事务不理解、不积极乃至出现漠视、抗拒的心理。

（3）学生的声音没有得到充分的尊重与接纳，参与公共事务的管理后没有得到显著的成效或应有的反馈，产生“不被重视”的错觉，久而久之，热情消退。

（4）随着网络等信息技术的发展，多样化的信息得以在日常生活中广泛传播，但是网络信息良莠不齐，在拓宽公民参与公共事务的渠道的同时，充斥夹杂着大量腐朽文化、低俗文化，学生在浏览网络信息的时候势必受到腐朽文化、低俗文化的影响，受到危险价值观的冲击，加之没有得到正确的引导教育，从而在对待公共事务时的态度和处理方式出现极大的思想偏差，做出不理性的举动。

（5）政府没能较好地充当人民公仆的角色，政务公开、信息公开方面的工作做得仍不充足，以致人们不够了解、不够信任政府。

（五）提升高中生社会参与意识的建议和对策

针对上述调查结果所反映的问题，我小组成员从其形成的各方面原因出发，讨论设计了以下对策，或对解决问题、推动高中生理性参与公共事务有借鉴意义。

1. 学校

作为高中生学习与生活的主要场所，学校的环境、老师的引导、同学的影响，都对高中生世界观、人生观、价值观的形成有着极其重要的作用；而学校本身作为培才育人的重要机构，也负有教授学生公民基本知识、提升学生公共素养的责任。因此，在高中生理性参与公共事务的引导上，学校应当有所作为。具体措施建议如下：

（1）突出思想政治课的实效性，培养学生的公共参与意识

随着法治社会、民主社会建设的不断推进，社会对社会生活的主体——普通公民提出了越来越高的要求。通过开设公民课程，学校将基本法律、公民道德、公民权利

与义务、公共事务等公民知识系统性条理性地教授给学生，着力帮助其树立公民意识、积累公民知识、提升公民素养、提高公共事务参与能力，培养其成为合格公民，并为学生日后步入社会，真正参与国家及社会事务管理打下良好的基础。

而公民课的开设方式也更加多样，不必仅仅局限于“课堂讲授”的形式。比如：学校可以定期开设公民知识大讲堂，组织公民知识竞赛等，如有条件还可以组织学生参与社会事务实践，让其形成直观感受……无论如何，学校不应将公民课视为可有可无的课程，而应将其作为一项重点课程推广。

（2）提高学校公共事务透明度，鼓励校内公共参与

学生是学校的主体，对于校内的公共事务理应享有知情权、参与权、表达权和监督权。同时，校内公共事务参与平台的开设，不仅为长期生活于“象牙塔”中的学生们提供了公共参与、表达诉求的机会，也在很大程度上丰富了他们的校园生活，并在无形中锻炼了他们的处事能力。而对学校来说，增强学校事务透明度，有利于学校集中学生智慧，进行民主、科学决策，使学校举措更充分地反映学生意愿。除此之外，它还有利于加深学生对学校规章制度、运作方式、重大决定的理解，减少误会，从而为学校工作的开展消除阻碍，争取更广泛的支持；这无论对学生成长还是学校发展都有着重要的作用。

其实，在调查中我们发现，大部分学校皆会组织校内民主活动：小到班内民主推选班干部，大至举行学生代表大会以汇报学校工作情况、决定学校重大事项，都在不同程度上体现了学生的主体地位和民主精神。然而我们也了解到，许多学校的民主活动徒具形式，学生的意见和建议提出了却没有被考虑而引起学生不满的现象没有任何改观，甚至学生心目中的理想人选都被替换为领导欣赏的“内定”候选人……在这一次次的打击下，学生们的民主参与热情有减无增，甚至对学校产生了不信任感。可见，如何将“民主”落到实处，重新唤醒学生们的热情，是学校应当首先考虑的问题。

而在我们看来，解决这一问题，一要靠扩展校内民主参与的范围，即提供更多机会让学生主动参与到校内公共事务中来；二是延伸民主的深度，让学生与学校（决策者）间能够自由地交流，让学生真切地感受到自身的价值。学校要通过组织民主选举、开设校长信箱、放置留言簿、重大事项公示等手段，尽量让民主渗透到学生生活的各个方面中去。

（3）加强思想道德教育，引导树立正确价值观

价值观对于人们认识世界和改造世界具有重要的导向作用，对一个人的人生有着深远持久的影响。价值观的高低直接影响甚至决定了人们的价值判断与行为选择，进而影响每个人人生态度、人生道路及生活方式的选择。而高中阶段又是一个人价值观形成并基本定型的时期，在这一阶段中，学校的正面引导显得极为重要。学校要应用多种方式宣扬社会主义核心价值观及社会主义荣辱观，并通过举办主题相关的辩论赛、讨论会等加深学生对社会主义核心价值观的理解，使其真正被学生从心底里认同和接受，并予以践行。

学校应当为学生的终身发展负责，要有高瞻远瞩的格局，不做应试教育体系之下的“井底之蛙”。学校要认识到：学生良好思想道德品质的养成，是其进行科学文化知识学习的前提和基础——要先努力让每位学生都成为“有德”之人，下一步才是“才”的要求。当然，思想道德教育的内容也不应仅仅局限于狭窄的范围内，除社会主义核心价值体系外，儒道墨等中国古代思想家们的健康理念，西方的法治、民主思想等也要被包括在内。除此之外，还要组织学生系统地学习马克思主义哲学，引导他们用马克思主义武装头脑，指导实践。

2. 社会

在当下这个越来越开放而包容的社会中，社会公共事务向公众开放的程度越来越高，社会公共参与越来越多。而作为公共参与的场所和受体，社会的整体氛围以及社会上其他人的行为都会对我们的理性参与产生影响。为保障公共事务参与的有序进行，营造理性合法、公正客观的社会氛围很有必要。

（1）形成包容开放的社会氛围，鼓励有序参与

“世界之大，无奇不有。”群体中，人们的思维方式不尽相同，对同一事物的认识具有主体差异性，由此而作出的价值判断与价值选择也不一样。而在多元社会中，这些差异性就表现得更为明显。作为社会的一分子，面对差异，“求同存异”的态度是必需的，因为现代社会的民主本质要求尊重每个个体的思想、言论及行为自由——每个人都有表达自我诉求的权利，每个人都可以选择接受或者不接受他人的意见。“海纳百川，有容乃大”，唯有让各种声音都能顺利地发出，都能被聆听，社会才能获得长足的发展。

当然，包容并不是没有原则的容忍，自由也不是没有限度的置之不理。宪法与法

律在赋予每个公民权利的同时，也规定了相应的义务。同样，在公共事务参与中，我们也要牢记原则：既要主动热情地提出问题、表达、监督，又要在法律法规和道德准则的框架下理性有序地参与。近期，网络骂战、恶意诽谤等社会乱象不断出现，究其原因，都在于人们没有形成有序参与公共事务的意识，未能明确自身权利和自由的界限，从而侵犯了他人的权益。这警醒社会中的每一个人：在参与民主选举、民主决策、民主管理、民主监督等国家或社会事务的过程中，应当秉持理性客观、合理公正的态度，遵守既定的参与流程，不滥用权力，文明参与。同时，社会应形成相应的监督保障机制，建立和完善信用制度，谴责不文明的公共参与行为；村委会、居委会要特别加强公共参与正确流程的宣传，指导居民文明参与。

（2）努力营造热心参与公共事务氛围

在调查中我们发现，许多高中生本具备一定的公共参与素养，也拥有一些公共参与的机会，但是参与意愿却不强，缺少参与的热情；一些同学本有参与的想法，但看到周围的人们都是一副懒洋洋的样子，便消除了参与的念头。与此相反，在“朝阳群众”等热心公众的引领下，越来越多的人愿意投身于社会事务之中。可见，热心参与公共事务的氛围急需在现实生活中被营造。这就需要人大代表、政协委员、共产党员、道德模范等首先发挥先锋模范作用，鼓励大家身体力行，从小事做起，为公共事务管理作出贡献。

3. 政府

我国的政府是人民的政府，为人民服务，对人民负责，受人民监督。作为国家事务的主要执行者和管理者，政府应处理好与人民的关系，积极引导公民正确参与公共事务。

（1）建立完善相关法律法规，健全民主参与机制

要推动公共事务的理性参与，首先要在制度上有所革新。通过制定公共事务参与相关细则，政府为公众的民主参与指明方向，提供明确的途径，能有效减少公共参与中不文明行为的发生。制定细则同时也在一定程度上规范了政府自身的行为，确保“不越权”。政府应健全基层民主制度，促进基层民主管理这一“人民民主最为广泛而深刻的实践”真正发挥作用；要健全信用保障机制，保障公民在公共参与中自身的权益不受到侵害，从现实层面上解决公民公共参与的“后顾之忧”；要对积极参与公共事务的群众予以奖励，加以表彰，对破坏公共事务参与秩序的人进行处罚，以此引导

公众正确理性参与公共事务。

（2）推行政务公开，增强民主参与活动公信力

大力推行政务公开，增强决策透明度和公众参与度，这不仅是建设“服务型政府”的要求，也从另一个角度为公众提供了公共参与平台，有利于拓宽公共参与渠道。另外，通过政务公开，公民可以更清楚地了解到相关政策、政府财务状况等，有利于公民提出更加客观而有实践意义的建议，促进政府改进工作；还能加深公民对政府的理解，消除民众对政府的猜疑，树立政府威信。

除实行政务公开外，政府还要落实各项民主参与制度，包括社情民意反映制度、重大事项社会公示制度、社会听证制度、信访举报制度等；并且要严格依照流程组织活动，确保人民民主得到真正落实，增强民主参与活动的公信力，以调动人民参与积极性。

4. 个人

“无穷的远方，无数的人们，都与我有关。”作为社会的主体，每一位公民都应积极关心我们的周围，积极关注国家大事和社会热点，积极参与国家事务管理和社会事务管理；作为高中生的我们，还要立足眼前的实践，积极参与校内的公共事务。

（1）培养责任意识，用公共参与回馈社会

社会是人的集合体，这个社会是好是坏，都有你我的一份影响，每一位公民，都对这个社会负有一份责任。那么如何推动我们身处的这个集合体走向更好的未来？公共参与便为我们微观个体提供了一个直接与宏观社会沟通并有目的地施加自身影响的途径。也许公共参与会花费我们的一些时间、精力甚至金钱，但我们的想法和诉求却因此得到充分表达，意愿得以实现。尤其作为一名高中生，在即将踏入社会之际，我们更要把握好公共参与的机会，以此为切口深入地了解社会，锻炼自身公共参与能力，提高自身公共参与素养，为以后的社会生活奠定良好的基础。积极参与公共事务，便是我们回馈社会的最好方式。

（2）通过多种渠道实现理性参与

随着社会主义民主政治进程不断推进，我国公民的公共参与方式有了多样的选择。不论是传统的投票、举报，还是新颖的微博留言、视频互动，都以其独特的优势推动着公共参与的进行。公民在参与时，大可依照需要选择最佳途径以达成最好的效果，而不必仅仅局限于一种途径。作为高中生，我们还未成年，还未拥有完整的民

主权利，直接接触社会的机会也比较少，这时候我们便要好好利用学校的平台，认真负责地参与每一次的干部选举、学生代表评选；遇到问题时敢于发出质疑、力求公正……此外，参与公益组织，多与村委会居委会接触，这些方式都有利于我们为将来真正的社会参与“热身”。

而在真正的参与过程中，我们尤其应当注意遵循“理性”二字。首先，参与的态度应当客观公正。要认识到我们的参与，不仅仅是为了维护自己的权益，同时也是为了他人和整体社会考虑。唯有理性客观，才能让事件得到合理解决，才能让他人信服，让自己信服。其次，参与的过程应当符合流程规范。无论在现实生活还是网络世界中，我们的一言一行都必须符合法律要求和道德准则，否则将会带来极大的负面影响，得不偿失。只有依合法流程进行的参与才是有效的。最后，应当理性看待参与的结果。成功了当然高兴，暂时失败了也不要气馁，别忘了总结反思整个参与过程，为下一次的理性参与积累经验教训。

需要提醒的是，在网络时代，许多人习惯了通过网络表达诉求，而忽视了现实的参与。没错，打开手机，动动手指，的确既方便又快捷，但网络并不是万能的，许多公共活动还需要我们亲身去体验去参与，比如听证会等等。所以，我们要放宽视野，不能只做“键盘族”，在现实生活中，该我们发声时，我们也应大胆地表达。

（3）正确处理好利益冲突

当我们的个人利益与他人利益、集体利益、国家利益冲突时，我们该怎么处置？若每个人都只着眼于自身利益，那么冷漠和自私将让社会分崩离析；如果完全放弃个人利益，那么集体利益也将无从分配，个人的积极性也会受到打击。所以，在作出判断和选择之前，我们得深入认识总体利益布局，找到个人利益与集体利益的契合点，站在最广大人民群众的立场上，妥善处理各种利益关系，缓和矛盾，在支持和维护集体利益的同时最大限度地保护和实现个人利益。正确处理好利益冲突，这是一门高深的学问，需要我们不断在实践中积累经验，寻找答案。

四、研究反思与小结

（一）阮同学：调查研究也是一段成长的历程

经过3个多月的反复讨论、思考、研究，一份研究调查报告终于成形，只待进一步的完善。看着洋洋洒洒的几千文字，回忆起这3个月的历程，只觉如梦似幻。从一开始的对于调查报告这个概念的一知半解以及遇到各种困难，到起草调查问卷，绞尽脑汁设置问题与选项，再到分发与回收问卷、进行数据分析、探究问题的本质与解决方法，这个过程实属不易。可是当我们即将大功告成之时，经过认真的审视和老师的提醒，我们发现设计的问卷不尽合理，有很多不成熟甚至于不科学的地方，没能很好地体现一份调查报告应有的严谨性与总结性。于是我们重新开始，在老师的指导下设计一份合乎标准的问卷。怎样才能让二号问卷既在保留问题多样性的同时又能比较好地呈现出其科学的一面，既能了解到同学们在参与公共事务中的态度与做法，又能总结抽象出最本质的问题呢？在经过紧张的思考后，当问卷出炉、发放、回收并做好相关数据分析后，我们这才松了一口气，感叹着做调查报告的困难与曲折。然一步步走来，收益甚多。

一开始确定这个选题是因为公民的民主参与公共事务在日渐开放文明进步的中国社会举足轻重，并且近来因不理性态度而发生的恶性事件增多，这引起了我对自身参与态度的思考。在设计一号问卷时，每设置一个问题，我都会想如果是我在答卷，我会选择哪个选项？这个选择是否符合大部分人对于理性的理解？我有没有出现偏激的思想？一题题审视下来，我对于自己参与公共事务的态度及做法尚为满意，但在某些方面，在某些问题上为自己感到羞愧。例如，问卷中有一题问到是否参与过公益组织，我的回答是没有。我是不是在公共事务的参与方面仍然不够积极，缺乏为人民服务、向社会贡献的觉悟？另外，在路上遇到被掀开的窨井盖时，我的做法更倾向于告知家人朋友，而非致电市政人员处理抑或放置标志性物品提醒路人。看来，我仍未对这个社会尽到应有的责任。

安定和谐社会的建设有赖于每一位身在其中的公民的参与，有赖于每一位公民的奋斗、争取与承担。承担对这个社会的责任，首先要参与，其次要理性，只有每个人都理性地参与到公共事务中来，才有可能将社会建设得更加美好、更加适合于每一位公民的成长与发展。

（二）曾同学：调查研究本身就是一种行动参与

身为一名高中生，我参与过的公共事务有多少？我在其间的表现又怎样？我对我的周围、对这个社会有多大的影响力呢？这些，或许是每一个即将成年的高中生都思考过或正在思考的问题。通过本次的社会调查，我们大致了解到当前高中生公共事务参与的状况及其问题所在，在另一方面也警醒我们自己得养成更加严谨、客观、理性的态度，做一名合格的社会公民。

这次的调查，从讨论确定课题到设计、发放、回收问卷，再到数据分析，最后形成论文，全过程历时 4 个多月，其间经历了坎坷的过程。在第一次设计问卷时，我们将侧重点放在“两难”情境的设置上，力图从受访者对不同情境的反应中了解高中生们参与公共事务时的态度和选择，在此我们花费了大量心血。但在完成数据分析后我们发现：原来的问卷虽然活泼自然，但是却忽略了对受访者个人背景的考虑，一个个相互独立的情境之间也难以形成变量关系，这离科学和专业还有差距。于是，我们在老师的鼓励和指导下重新设计了二号问卷，并重新发放，重新统计数据、进行数据分析……在这一过程中，我们也曾想过放弃，但终不甘心，小组 3 人互相扶持互相帮助，最终携手走到今天——成果出炉，苦累早已烟消云散，欣喜溢满心灵。而在调查过程中，最令我感到欣慰的无疑是受访人的积极配合。在同学们的支持下，我们的问卷取得了较高的回收率，问卷完成的质量也很不错，一个个具体可行的建议中展现出他们认真的态度。这些，都为我们的进一步分析和这篇调查报告的最终形成提供了良好的前提。另外，调查的结果也让成员们备受鼓舞——从中我们看到：大部分高中生都具备较好的公民素养，能做到理性正确地参与公共事务。“长江后浪推前浪”，相信我们这一代人会更有责任意识、法律意识，更理性更客观，更有公共参与热情和能力，相信我们会将社会推向更开放更包容更有序更美好的未来。

在本次调查研究中，我自身的收获也非常多。此前，我也曾有了解周围人公共参与状况的想法，但却从没有像现在这样系统地去操作。问卷调查、数据分析……这次研究告诉我：严谨的态度和方法，深入思考分析的习惯，是科学研究的必需。而真正行动了之后我才发现：原来很多事情并没有我原本想象的那么难。敢于行动，主动探寻，我们完全可以找到解决问题的办法。

让我们对这个世界多一份理性的爱！相信在个人、学校、政府、社会等各层面的努力下，我们的公众能做到普遍理性参与公共事务，人与人之间的关系更加密切而友好，每个人都能在社会生活中收获一份感动，一份力量。

（三）王同学：社会参与实质就是一种责任和担当

《礼记·大学》中有云：“格物而后知至，知至而后意诚，意诚而后心正，心正而后身修，身修而后家齐，家齐而后国治，国治而后天下太平。”这是我国传统儒家社会中许多知识分子所崇尚的信条，他们寒窗苦读数十年只为一朝高中，便可参与治国平天下，为国效力。以天下为己任乃是中国传统知识分子的历史使命，我们现在身处充满着民主自由风气的公民社会中，我们更应该积极参与到社会生活中去，树立起“天下兴亡，匹夫有责”的意识，树立起积极参与社会事务和政治事务的意识。

社会学家指出，人的现代化就是从“消极公民”转变为理性参与公共事务的“积极公民”。公众参与对于提高政府的决策水平、缓解各利益群体的矛盾有极重要的作用，但从现实来看，我国公民的公众参与状况并不乐观，公民参与水平较低。为了了解在校高中生对于“公众参与”的态度，我们进行了此次调查。从调查中我们能看出如今中学生总体能以理性的态度对待公共参与，但仍有极小部分学生不能理性看待，甚至有同学思维较为偏激，让人十分忧心。因此个人、学校、社会都应该有所行动，改变我国公民参与水平低的这个现状，建立一个更加民主、公民参与度更高的国家。

这次我们采用了纸质调查问卷的方式，在高一到高三 3 个年级中各抽取两个班进行调查，在第一次调查的过程中我们发现了不少问题，如调查问卷设计得不够严谨，有的问题有重复之嫌，有的选项考虑得不够周全，导致有的同学出现了无答案可选的情况，使得整个问卷看起来比较杂乱无章，调查到的信息也不全面。于是在老师的指导下，我们对第一次的调查问卷做了个大修改，再重新找了 6 个班级进行调查。第二次的调查问卷相对于第一次的来说就十分简洁，更专业，从中我们能得到的数据也多了许多。

“你所站立的地方，就是你的中国；你怎么样，中国就怎么样。”如果你曾在微博上以 140 个字理性地表达诉求，如果你曾在政府举办的听证会中发表自己的合理见解，如果你在学校的投票选举中积极理性地发表过不同意见，那么你已经参与到我们这个社会的建设中，成为社会的建设者、推动者。如果你还未曾做到，那么请行动起来，加入公共参与中来！

参考文献：

[1] 刘铁芳，谢燕. 社会参与和公民权责意识的培养 [J]. 教育科学研究，2006（1）：43-45.

[2] 胡子祥. 当代大学生社会参与意识的实证研究 [J]. 中国青年研究，2006（5）：35-39.

[3] 郭文荣，仝方存. 浅论当代大学生的社会参与意识 [J]. 高校理论战线，1994（S1）：30-31.

［4］程德慧. 当代中国学校公民意识教育研究［D］. 上海：华东师范大学，2012.

［5］高发水，王建基. 青年学生的政治参与意识及其在社会发展中的作用［J］. 新疆大学学报（哲学社会科学版），1992（2）：20–23；19.

［6］刘芳，于国妮. 发达国家青少年社会参与的教育指导及启示［J］. 外国中小学教育，2014（3）：21–23.

［7］樊宝剑. “激发百姓自豪感，提高全社会参与意识”［N］. 人民政协报，2011–03–24（A02）.

［8］李娓. 中学生社会责任感培养研究［D］. 石家庄：河北师范大学，2012.

［8］匡玲. 培养高中生社会责任感的实践与思考［D］. 桂林：广西师范大学，2007.

［9］廖华平. 公立中学学校管理中的学生参与［D］. 广州：华南师范大学，2005.

［10］王聪，姚梅林，郭芳芳，等. 社会服务实践对中学生公民行动意向的影响：社会服务观念的中介作用［J］. 心理发展与教育，2013（3）：277–284.

附件一：第一次调查问卷

高中生参与公共事务调查问卷

亲爱的同学们：

下面的内容与大家的日常生活息息相关，我们想要通过你们的选择了解大家在参与公共事务中的态度，以此来支撑我们的调查研究。希望大家能按照自己的实际情况填写这份问卷，好人一生平安！拜托啦！

你所在年级：你的性别是：

1. 在9月3日放假之前，你关注过这一天是什么日子以及为什么要放假吗？

   A. 不知道啊，反正有假放就好，管它什么纪念日呢

   B. 媒体宣传太猛烈了，我想不知道都不行，所以还是了解了一点

   C. 就算官方没宣传，我都早就知道了，这是很值得庆祝的日子

2. 9月3日（上午）你主要干了些什么？

   A. 看我大中国阅兵　　B. 做作业，看书复习　　C. 打机刷圈

D. 出游、逛街　　E. 其他

3.1 你有看新闻的习惯吗？

A. 有，几乎每天都看　B. 时不时会了解一下　C. 没有

3.2 你关注较多的是下列哪些新闻？（可多选）

A. 国内新闻

a. 领导人动向　b. 大政方针　c. 民众生活　d. 娱乐和体育

e. 政治和军事　f. 财经和科技

B. 国际新闻

4.1 对于前段时间发生的天津港危化品爆炸事件，你认为导致悲剧发生的最主要原因是什么？

A. 政府部门监管不力　B. 瑞海公司员工对危化品安置不当

C. 瑞海公司内部管理漏洞　D. 相关部门应急反应不及时、不科学

E. 其他

4.2 听到消息后你的第一反应是？（心情或行动）

A. 十分沉痛，为亡者哀悼

B. 愤慨，马上查阅相关报道，谴责爆炸案的罪魁祸首

C. 庆幸，幸好不是发生在我们附近

D. 事不关己，高高挂起

5.1 你知道 2012 年的日本购岛事件吗？

A. 知道　B. 了解一点点　C. 闻所未闻

5.2 因日本购岛事件严重侵犯中国主权，不少民众愤而砸烧日本店、日本车，请问你对这类事件的看法是？

A. 对待侵犯中国主权的行为就应该这样。砸得好！烧得好！终于解愤了！

B. 这种做法体现了民众的爱国主义精神，但此做法不理智，不值得提倡

C. 这是狭隘民族主义的体现，而且打砸抢烧破坏社会治安，是违法行为，应受法律制裁

D. 钓鱼岛与我何干？别人怎么做与我何干？只要别砸到我头上就好

E. 不知情

6. 长江沉船事故发生后，为了加快营救速度，救援队伍征用了附近居民的渔船，对此你的看法是？

A. 官兵蛮横无理！征收了居民的渔船，他们还怎么维持生计呢？

B. 这么做虽然情有可原，但是不能因为一部分人的利益而损害另一部分人的利益

C. 表示理解，个人利益应当服从于集体利益，要是我的话也会甘愿被征用的

7.1 最近网络骂战愈演愈烈，你有参与过网络骂战吗？

A. 多次参与　　B. 偶尔为之　　C. 从来没有

7.2 你认为网络骂战的起因是什么？

A. 对同一事件看法不同　　B. 随波逐流，别人骂我也骂

C. 对方对你进行人身攻击　　D. 情绪因素，骂一骂解愤

E. 其他

7.3 你认为自己当时的言论？

A. 文明客观，措辞得当

B. 虽然爆粗了，但个人认为没有滥用言论自由

C. 有歪曲捏造事实和进行人身攻击的行为

7.4 事后有什么感觉或认识？

A. 我敢骂，骂赢了，很自豪

B. 被别人无理指责，很憋屈

C. 愧疚，这不利于社会主义和谐社会建设，以后再也不参与了

D. 愤慨，现在的人素质怎么变成这样？！下次要好好教训他们一番

E. 其他

8. 你熟悉你所在社区 / 村的居委会 / 村委会吗？你有参与过它们的管理活动吗？

A. 很熟啊，我经常参与讨论社区事务，提出批评建议等等

B. 偶尔打交道，有时候参与讨论重大事项，还有社会实践去那儿盖章，分红时去那儿拿钱

C. 从没接触过，连居委 / 村委办公室在哪里我都不知道

9.1 你是否参加过公益服务组织？

A. 有　　B. 无

9.2 当你在活动中（如筹集捐款、宣传器官捐赠等）遭受不解甚至指责的时候，你会？

A. 放弃　　B. 耐心解释

C. 对不同的声音不予理睬　　D. 考虑不同意见并做出改进

10. 日常出行中，当你发现马路上的沙井盖不见了而留下极大的安全隐患时，你会？

A. 绕路走开并只告知家人朋友

B. 在其附近放置安全警示标志提醒路人

C. 通过打电话等方式告知政府有关部门，要求其进行检修

D. 当没看见，不采取任何行动

11.1 你参与过或者准备参与校内的哪些民主活动？（可多选）

A. 班内投票选举班干部　　B. 民主选举社团干部

C. 学生代表大会　　D. 社团代表大会

E. 年级投票评选优秀学生等　　F. 在食堂留言簿留言

G. 向宿舍提出建议　　H. 向校长信箱投信

I. 其他

11.2 你认为有必要开展这些活动吗？

A. 很有必要，它们是我表达意愿、参与公共管理的有效途径

B. 有必要，这样才能体现我校的民主传统

C. 不置可否，可能实际上没什么用

D. 没必要，活动只是走形式而没有实质意义，浪费我时间

12. 假设学校评选优秀学生，你对公示名单上的人选有异议，这时你会？

A. 直接向学校提出异议　B. 向老师同学提出不解　C. 好吧，那就接受吧

13. 你觉得学校在管理方面还有什么不足的吗？还有什么我们可以参与解决的事情？（可以在此提出来哦！）

附件二：第二次调查问卷

高中生参与公共事务调查问卷

亲爱的同学：

你好！

我们想要通过你们的选择了解大家在参与公共事务中的态度和行为，以此来支撑我们的调查研究。本问卷中“你的基本信息”，请你如实填写，我们将恪守保密的义务；本问卷中“你的公共参与”，所有问题均无对错之分，也请你如实填写。请在你所选答案的编号上打“√”，填空题请将信息填在横线上。

感谢你的支持与合作！

《关于高中生参与公共事务的调查研究报告》研究小组

一、你的基本信息

A1. 你的性别

①男　②女

A2. 你来自

①农村　②城镇

A3. 你现在就读的年级

①高一　②高二　③高三

A4. 你当前就读的科目（或打算就读的科目）是

①文科　②理科

A5. 你的总成绩在年级中处于

①前 20%　②前 21%—50%　③ 51%—80%　④ 80% 之后

A6. 你父亲的学历是

①专科以下　②专科或本科　③本科以上（硕士、博士研究生等）

A7. 你父亲的职业是

①机关、事业单位人员　②企业负责人　③自由经商者

④军人　⑤新闻工作者　⑥法律工作者　⑦其他

A8. 你母亲的学历是

①专科以下　②专科或本科　③本科以上（硕士、博士研究生等）

A9. 你母亲的职业是

①机关、事业单位人员　②企业负责人　③自由经商者

④军人　⑤新闻工作者　⑥法律工作者　⑦其他

二、你的公共参与

B1. 你平时关注国内新闻吗？

⑤非常关心　④比较关心　③一般　②比较不关心　①不关心

B2. 你平时关注国家的大政方针吗？

⑤非常关心　④比较关心　③一般　②比较不关心　①不关心

B3. 你平时关注国际新闻吗？

⑤非常关心　④比较关心　③一般　②比较不关心　①不关心

B4. 你平时关注东莞本土新闻吗？

⑤非常关心　④比较关心　③一般　②比较不关心　①不关心

B5. 你平时关注所在村或社区发生的重要事件吗？

⑤非常关心　④比较关心　③一般　②比较不关心　①不关心

B6. 你平时关注所在学校发生的重要事件吗？

⑤非常关心　④比较关心　③一般　②比较不关心　①不关心

B7. 你对各种新闻热点事件的关注受父母影响的程度

⑤非常大　④比较大　③一般　②很小　①不受影响

B8. 你对各种新闻热点事件的关注受老师影响的程度

⑤非常大　④比较大　③一般　②很小　①不受影响

B9. 你对各种新闻热点事件的关注受同学影响的程度

⑤非常大　④比较大　③一般　②很小　①不受影响

B10. 你有参与过为当地政府建言献策的活动（如“争创全国文明城市”）吗？

⑤非常多　④比较多　③一般　②很少　①没有

B11. 你认为普通市民的意见或建议对当地政府决策的重要程度

⑤非常重要　④比较重要　③一般　②比较不重要　①不重要

B12. 在社会热点事件讨论（如“人贩子是否一律判处死刑？”）中，你有通过论坛、微博等方式参加过跟帖或回帖吗？

⑤非常多　④比较多　③一般　②很少　①没有

B13. 你认为你的跟帖或回帖是

⑤非常理性　④比较理性　③一般　②比较不理性　①很不理性

B14. 你参加本村（或本社区）的公共管理活动（如提出改善卫生环境的建议、了解财政收支状况等）吗？

⑤非常多　④比较多　③一般　②很少　①没有

B15. 你认为本村村民（或本社区居民）的意见或建议对该村（或社区）公共管理的重要程度

⑤非常重要　④比较重要　③一般　②比较不重要　①不重要

B16. 你参加过公益组织或公益活动吗？

⑤非常多　④比较多　③一般　②很少　①没有

B17. 你认为这些公益活动对改善他人处境或社会状况的重要程度

⑤非常重要　④比较重要　③一般　②比较不重要　①不重要

B18. 当你发现涉及公共安全的问题（如马路上的窨井盖不见了）时，你会采取必要的维护措施吗？

⑤一定会　④多半会　③可能会　②多半不会　①不会

B19. 你有为所在班级或所在学校的发展建言献策吗？

⑤非常多　④比较多　③一般　②很少　①没有

B20. 你认为学生的意见和建议对推动所在班级发展的重要程度

⑤非常重要　④比较重要　③一般　②比较不重要　①不重要

再次感谢您的参与，祝你身体健康，学习进步！

专家点评

社会参与意识是现代公民的重要素质，也是高中思想政治学科所要培养的学生核心素养。由于课业负担过重和应试教育的影响，中学生存在低头读书、对社会事务不关注，公共事务参与少等问题。课题组选择高中生社会参与意识作为调查研究的对象具有现实性和针对性，对于改进学校培养方式也有重要参考价值。

课题组能根据中学生的实际，边研究边学习，熟练掌握了调查研究的基本过程和方法；坚持科学的方法、严谨的态度，对问卷反复修改，进行两次规范的调查，很好地完成了一次学术训练；在教师的指导下完成基本的数据统计，并在此基础上做了较深入的分析，提示数据背后反映的现象和原因，根据掌握的有关学科知识提出建议和对策。

研究报告结构完整，材料丰富，如实描述了研究过程，较好地呈现了调查研究的结果。通过研究深刻地体会到高中生参与公共事务的重要性，感悟到调查研究是一种参与，也是一种成长，深刻地领悟到社会参与实质是对国家和社会负责的重要体现。

当然作为高中生进行调查研究，问卷的编制考虑不周或不规范，数据分析方法缺乏，结果分析尚欠深入，有待进一步提升。

（东莞市教育局教研室　王定国）

三年回悟

常常有这样的经历，不经意间翻看以前写的文章，或者回顾讲过的一节课，禁不住自己都佩服自己，当时竟能如此精彩，以至今日难以超越。如今重温学生的这一篇研究报告，感觉亦如是。

成就一篇佳作，可能也要讲天时地利人和。回想当初何以执着地带领学生做研究，最大的原因应该是对高中研究性学习“假大空”的痛恨。研究性学习本是国家必修课程，但在部分学校形同虚设，更有甚者，纵容学生上网复制粘贴，弄虚作假，学术不端也由此生根。2015 年，适逢式华老师组织开展广东省中学生社会活动成果展示交流活动，以此为契机，调动十几位学生，一起从零开始，正儿八经做起了研究。其间几度遭遇思路、方法、技术等方面的挫折，又幸得定国老师鼓励、指点和帮助，一一渡过难关。学生们从最初的好奇、奋勇，到后来的迷茫、动摇，再到后来的修成正果、博得大奖，颇像一场求学的欢喜剧。而对我来说，最大的欢喜是看到学生在其间的变化和成长。她们，从两耳不闻窗外事，到对家国天下时时留心；从无知者多妄语，到深思者谨慎言；从不知研究为何物，到渐得研究真章法；从为学只知书上求，到步步行处皆学问……如此种种，已远在她们获奖之上了。而诸如政治认同、理性精神、法治意识、公共参与等核心素养，已在无意间种在她们心里，也展现在她们言行之中了。正如陈友芳先生说，培养学生核心素养，不必多言，只管多做，不再刻意为之，而在自然生长。这应当就是我们开展这一活动的真正意趣所在了吧。

2017 年 9 月，教育部印发《中小学综合实践活动课程指导纲要》，提出把“考察探究”作为提高学生综合素质的重要手段；2018 年秋季推行的高考综合改革，将把学生综合素质评价作为高校录取的重要参考；而即将落地实施的高中政治新课程，也大力倡导“活动型”课的构建。这意味着，学生社会活动课的春天已经到来。我相信，只要我们满怀诚意打开这扇窗，它一定能给你意想不到的惊喜！

（指导老师　陈月强）

二、社会服务活动的组织与实施

（一）含义与特征

社会服务是现代社会文明进步的重要标志，是加强精神文明建设、培育和践行社会主义核心价值观的重要内容。社会服务是在社会保障（社会福利）制度框架下，由政府或社会力量向民众特别是困难群体提供的公共福利服务。学生作为发展中的人，因为其在校生的身份（区别于成年参加劳动的人），其更多的社会服务是以参加一定组织的志愿服务来体现的，下文也多以志愿服务来举例。学生开展社会服务工作是贯彻党的教育方针、坚持实践育人、全面实施素质教育、促进学生健康成长的重要抓手，是加强思想引领和价值引领、传播青春正能量的有效途径，是夯实基层组织、凝聚广大团员学生力量的时尚载体，对提升学生实践能力，培养劳动意识，引领学生参与社会建设和服务社会需求具有重要意义。

社会服务活动应当坚持以下几个原则：

1. 遵循自愿原则

学生参与社会服务活动，应秉持自主意愿，并具有相应的民事行为能力。未成年学生可以参加与其年龄、知识技能和身体状况相适应的社会服务活动，10周岁以上的未成年学生，经其监护人同意，可以申请注册成为学生志愿者。

2. 遵循公益原则

学生参与社会服务活动，是积极投身社会实践，将所学所思融入社会生活，将智慧和力量贡献给人民的历练。因此，公益性贯穿学生社会服务活动的全过程，引导学生将社会服务内化为践行社会主义核心价值观的行动自觉，增强学生的责任意识和奉献精神。

3. 遵循育人原则

学生参与社会服务活动，是思政课社会活动教育的一种途径，要突出中学生社会服务的政治属性和实践育人功能，帮助学生通过参与社会服务树立崇高的理想，提高学生综合运用知识解决实际问题的能力。

4. 遵循安全原则

学校组织社会服务活动，要切实做好风险防控，加强学生安全教育、管理和保护。学生自行组织开展社会服务，学校应要求学生做好风险防控。其他活动根据实际情况应当由其监护人陪同或者经监护人同意，鼓励监护人成为志愿者与学生一同参与。

（二）目标与主题

1. 目标

与社会调查活动相比，社会服务活动的目标更具有直接现实性。社会服务活动的目标既要直接解决某些社会问题，或保障某些社会群体的福利，还要在社会服务活动中让学生真实地体验、感受和感悟，从而培养为人民服务的信念，坚定弘扬社会主义核心价值观。

（1）志愿参与服务，提升实践能力

通过参与社会服务活动，学生能够将课堂所学知识应用于实践中，提升解决实际问题的能力，增强社会适应能力。比如在参与社区“垃圾讲分类　环保促发展”的公益服务时，学生可以通过对社区居民讲解资源回收和再造的知识，帮助居民理解并支持垃圾分类工作。

（2）解决实际问题，培养社会责任感

积极引导学生关注社会问题，热情参与社会建设，树立社会主人翁的意识，善于发现生活中需要解决，亟待解决的问题，通过参与社会服务让社会生活更加美好，由此培养学生的社会责任感和公民意识，形成爱国为民的价值观。

（3）主动拓宽视野，丰富人生体验

社会服务活动为学生提供了一个走出校园、接触社会的平台。通过参与不同领域、不同形式的服务活动，学生可以拓宽视野，增长见识。如“弘雷锋精神，展志愿风采——图书馆志愿服务活动”“福慧有爱，关怀老者”等活动，让学生看到不同人群的需求，丰富自己的人生体验。

2. 主题

思政课社会教学活动语境中的社会服务活动多以学校组织，面向社会的形式进行，集中体现以下主题。

（1）文化宣讲类

如通过“三会两制一课”、培训班、分享交流活动等多种方式，引导中学生志愿者开展党史学习教育志愿服务，组织学习宣传党的重要会议精神，创新“中学生微宣讲”“中学生主播团”等载体形式。也可以结合地方特色文化，组织学生参与文化遗产保护、文化活动策划与执行等志愿服务，促进文化的传承与发展。

（2）环境保护类

针对当前环境污染、资源浪费等问题，组织学生参与植树造林、垃圾分类宣传、河流清理等志愿服务活动，如结合劳动教育定期开展“绿美东莞，善美同行”等生态环保志愿服务活动。增强环保意识。

（3）（校园）常态化开展类

文化艺术体育建设类大型活动（校庆日、校运会、迎新活动、颁奖典礼、知识竞赛、才艺大赛、舞台工作）志愿服务。以“我们的节日·精神的家园”为主题，根据时间节点，策划开展教师节慰问退休教师志愿服务活动、中秋国庆特色志愿服务活动、学校体艺科创赛事志愿服务活动、元旦晚会志愿服务活动、“学雷锋活动月”志愿服务系列活动、心理健康节志愿服务活动等系列活动。

（4）社区志愿服务类

依托网络志愿供需对接平台与校外就近的青年之家、党群服务中心、新时代文明实践中心、社区（村）、医院、企业等实现社区志愿服务调度和匹配，推动各类资源和工作力量精准化、网络化对接。例如：与学校周边的社区一同合作，开展扶贫济困、助老助残、社区服务等类型的志愿服务活动；与学校周边的医院合作，开展急救知识科普等志愿服务活动。探索与公益社会组织合作模式，开发适合中学生的志愿服务项目和岗位。例如：与学校周边的敬老院合作，开展助老“金晖行动”等类型的志愿服务活动。

（三）过程与方法

社会服务活动离不开政府与社会的支持、学校的组织、教师的指导、学生的参与，其主要环节包括：

1. 论证策划

社会服务活动应明确项目负责人，可以是教师、监护人、学生或社会机构。为了更好地激发学生的参与热情，项目负责人更多是选拔学生群体中较为优秀的代表。项目负责人向学校负责部门或学校团组织提交社会服务项目计划等材料，包括服务时间、服务内容、需求人数、服务流程、技能要求、保障条件等内容。学校相关负责人应结合实际，制定学生服务工作计划，并将其纳入学校相关工作安排。学校或学校团组织进行风险评估，厘清社会服务边界，对项目进行审批，协助项目负责人发布信息。有需要、有条件的学校可以协助提供物质保障、相关保险购买和其他必要的支持。

2. 招募培训

申请社会服务活动的项目负责人可以组建队伍进行申请，也可以在申请项目后进行公开招募队员。需要公开招募的社会服务活动，项目负责人按照公开招募、自愿报名、择优录取、定岗服务的方式开展招募工作。参与社会服务活动的学生在上岗前要强化社会服务通识培训、专业培训和岗位培训，如某学生参与“东莞市河道垃圾治理”项目，学校强化了安全教育及急救教育等方面的培训，增派指导老师一同前往，同时发放了救生衣等必要的安全物资，合理配置资源，做好安全培训和相关指导，规范项目运行。

3. 开展服务

开展社会服务活动，项目负责人要全程参与了解，密切支持配合，及时记录学生表现并向学校反馈。学生参加学校组织的社会服务活动，需明确服务内容、时间和有关权利、义务。在指定地点结合后，完成签到。有统一社会服务制服的须统一服装，参与服务的同学要听从带队人指挥，有序地开展服务；服务结束后及时签退。

4. 总结分享

社会服务活动结束后，相关项目的带队人带领参与者进行集中分享，就当天志愿服务开展情况作复盘总结和心得分享，加深学生参与者对社会服务的认知体会。如果是当天反馈，建议控制时长，每人 3 至 4 分钟，直奔主题，突出重点，简明扼要，不宜长篇大论。大型的社会服务活动建议学校专门组织分享会、展示会，给予学生充分的时间分享总结。项目负责人在活动结束后，听取参与者及项目相关方的意见建议，优化社会服务项目流程，提升育人实效，并及时做好汇总记录。

5. 认定记录

社会服务活动如果以志愿服务的形式开展，学校或学校团组织须负责做好学生志愿服务认定记录，建立学生志愿服务记录档案。要明确记录办法，完善记录程序，严格过程监督，确保记录清晰、准确无误。由项目负责人、服务对象提供服务时间、服务内容等证明，学校团组织经过审核予以认定记录。学生志愿服务记录档案应记载学生志愿者的个人基本信息、志愿服务信息、培训信息、表彰奖励信息等内容。

（四）成果与评价

1. 成果

社会服务活动完成后，学校团组织或带队人应善于结合参与者心得体会及分享要点，通过活动简报、图文宣传、流媒体平台分享等形式进行传播分享，提升社会服务项目宣传力度。各级团组织、志愿者组织应完善志愿者评价机制和激励表彰制度等，依据学生参与志愿服务认定记录的服务时间、服务成效进行必要的激励表彰。

（1）社会服务活动成果汇编

一定时间段（每学年 / 每学期），学校或学校团组织可组织编制《学生社会服务（社会实践）成果汇编》，将各类社会服务活动的图片视频、服务报告、心得体会、展示课件等资料整理成册。积累下来的成果汇编，既是学校文化建设的一部分，也是学生真实宝贵的成长记忆。

（2）搭建服务成果展示平台

充分利用学校官网、微信公众号、视频号、校园广播、宣传栏等多种渠道对优秀的社会服务活动成果进行宣传。另外，还可以设立“社会服务风采”专栏，定期发布社会服务活动的精彩瞬间、优秀案例和感人故事，既是对参与同学的认可和鼓励，也增强社会对学校社会服务工作的认可度和支持度。

（3）举办优秀成果交流会

学校可举办年度社会服务成果交流会，邀请学生志愿者、教师、家长代表、社会组织代表及社会各界人士参加，通过师生分享、专家座谈、图文展览、主题演讲等形式，全面展现社会服务活动的成果与影响。

2. 评价

学生参与社会服务活动后分享总结收获时，需要有一套与之匹配的评价体系。

（1）构建多维度评价体系

建立学生社会服务评价体系，从服务时长、服务质量、服务创新、团队协作、社会影响等多个维度进行综合评价。采用自评、互评、服务对象评价、教师评价相结合的方式，确保评价的全面性和客观性。设立“优秀志愿者”“社会服务之星”“社会服务先进集体”等奖项，对在社会服务中表现突出的个人和集体进行表彰奖励，增强学生的荣誉感和归属感。

（2）多种评价方式相结合

在量化评价，如服务时长统计，服务次数统计的基础上，注重质性评价，如服务过程中的表现、心得体会的深度、服务对象反馈等。学校或项目负责人通过服务对象访谈、案例追踪分析等方法，了解社会服务活动开展的成效，深入发掘志愿服务活动的教育价值和社会意义。如东莞中学开展的“冬日里的温情——探访老人志愿服务活动”不仅定期开展探访活动，同时也在与机构负责人、老师学生的交流中不断创新服务内容，赢得了社会一致好评。

（3）兼顾过程与结果

评价学生参与社会服务的质量，不仅需要关注社会服务活动的最终成果，也要重视在开展社会服务活动过程中的学生成长与变化。因为社会服务活动的目的除了为社会贡献力量，还有通过社会服务活动为思政课拓展教学空间，从而提升学生的个人素养，实现社会价值。教师可以通过定期跟踪、阶段性评估等方式，及时了解学生在社会服务中的收获与困惑，及时指导学生如何在社会服务活动里寻找自我价值，树立为人民服务的意识，自觉肩负民族复兴的使命。

附件：社会服务（志愿服务）活动案例参考

冬日里的温情

探访老人志愿服务活动报告

东莞市东莞中学　林瑞英老师　提供

一、活动背景

辞旧迎新，新春将近，莞城创业社区里仍住着许多近百岁、贫困或身体不太舒适的老人，他们缺少物资、缺少陪伴。在这个寒冬的末尾，我们与莞城创业社区居委会一同举办了这一志愿活动。

二、活动目的

（一）给老人们送去一份温暖，送上社会各界捐赠的物资。

（二）给老人们送上冬日的问候和新春的祝福。

（三）询问老人们有什么需要社区提供帮助的措施或需要提供的物资。

（四）了解老人们的近况，并提高社会各界对老人们的关注度。

（五）增强老人们对社会的归属感和认同感。

三、活动策划

（一）活动时间：2022 年 1 月 25 日 14：00—19：00

（二）活动地点：东莞市莞城创业社区

（三）活动方案：

1. 从居委会处了解信息，制定探访名单。

2. 准备好物资，通过各界捐赠，机构购买等途径筹集。包括大米、膏药贴、维生素 C、帆布袋、洗衣液、厚棉被等日常生活用品和一些春节用品。

3. 招募探访老人志愿者（条件：最好会说广东话，待人有礼，耐心友善，热情对待老人）。（注：招募最好会说广东话的志愿者是因为这次探访的莞城老人们通常只会说广东话，用方言方便沟通且更加亲切，更能让老人们感受到这个城市的温暖。）

4. 把志愿者分组，5 人一组，嘱咐志愿者们要耐心对待老人，并把各个老人的地址和联系电话给到各个组，分头行动。

5. 志愿者们在探访过程中记录老人们的现状以及老人们的需要。

6. 探访结束后集中回收表格，并分享总结，将志愿精神传播给更多的人。

四、活动实施

2022 年 1 月 25 日，我们参加了梦立方和创业社区居委会联合举办的探访老人的志愿者活动。在这里我们收获了很多，也体会到了很多，感受到了为他人奉献的快乐。

活动开始前，组织负责人找到创业社区的居委会了解了社区里的生活需要帮助的老人，制定了名单。并通过各界捐赠和自行购买准备好了老人们需要的物资。通过 i 志愿平台招募志愿者。

活动当天，在组织负责人的带领下志愿者被分成 5 个小组，每组 5 人，每组探访 2 位老人，每组各分发一张表格，记录了老人们的地址和联系电话，还有写备注的格子。我们按照地址通过导航走到每位老人的家里，在路上，我们会先打电话确认老人是否在家，并向老人预告我们的到来。

我们小组探访的是袁爷爷和莫奶奶。袁爷爷已经是过百岁的老人，我们组扛着社会捐赠的物资先到了袁爷爷的家里，可是在楼下喊了半天仍是没有人应答，在小组商量之下，我们决定先去找莫奶奶。莫奶奶很热情，我们一进门就给我们搬椅子，倒水，她和妹妹住一块儿，两位都是上了年纪的老人，但是很健谈。等我们都坐下了以后，莫奶奶就主动和我们谈了她家的近况，我们认真地倾听着，她的身体很不好，前些日子她身体不适，全身都黄了，是胆囊出了问题，去看了中医，也去了人民医院，做了大手术，兜兜转转，才慢慢好转，今年她还要复诊。除此之外，她还跟我们讲了她之前在东莞中学做饭的日子，她们都很不容易，却依旧笑谈人生，主动让别人了解她们的人生，这令我们很感动。我们和她们拍了合照后她们还执意留我们下来吃饭，“白饭也好，我们还是要请你们吃饭的”。虽然我们婉拒了，但我们表示十分感动。走的时候，她们一直和我们说下次不用带这些东西来了，留给更有需要的人吧。我们将她的现状记录了下来，并写上了这一句话。

接着我们又找到了袁爷爷，是对门的邻居给他们家打的电话，袁爷爷耳朵有点听不清，行动很不方便，但也坚持拄着拐杖走了出来，袁爷爷与我们交流起来很吃力，他年纪过百，卧病在床，怕冷，夜晚还会尿频，因此我们没有过多地提问，了解了他最近的身体情况和饮食情况，并将他所需要的物资记录下来后，便让爷爷多休息休息。在这个过程中，更多是袁爷爷的妻子和儿子在帮助我们。

傍晚，我们回到了出发点，交上了表格后，各个小组开始分享这一天探访老人的心得和感受，汇报老人们的身体情况和其他的意愿，我们每个人都因为为社会贡献了一份温暖而感到很开心。

五、活动反思

（一）民族精神四射，社会温情永存

第一个拜访的对象是一位叫莫群章的奶奶，她的家我们找了很久，因为藏在了小巷子里，她是一个热情的人，一进门我们见到的是只有四平方米的一个房间，但是奶奶还是搬出了很多凳子确保我们每个人都坐下，她完全不把我们当成外人，与我们分

享许多家里的事情，她一直受着疾病的折磨，所承受的痛苦是我们难以想象的，但她依然谈笑风生，满面春光。她的身体不好，尽管受到了生活的百般刁难，但眼里依旧充满阳光，笑容里藏着自信的光芒，在和我们说着她的现状时，她也跟我们讲述了曾经在东莞中学做饭的日子。虽然有妹妹的陪伴，但姐妹二人仍十分孤独，她说她不需要多少物资捐赠，只需要有人陪在她身边，关心一下她们，和她们谈谈话。我们告别时，她仍然热情地邀请我们在她家里吃饭，还不停感谢我们这些志愿者，我们深受感动，但还是婉拒了。温暖藏在这条小巷子里，藏在这个小屋子里，尽管我们只是相见了几十分钟的陌生人，但她的这种热情令我们一直将她记在心中，也为我们这一次的志愿活动增添了浓厚的一笔。从她身上，我们明白了陪伴对于老人来说多么重要，举手之劳，但却可以带给别人一整个春天。我们也明白了生老病死是人生常事，笑对人生，顺其自然，享受当下才应该是我们做的，失意时不气馁，得意时不骄奢。在现代的社会里，“情”是不能丢的。

（二）基层党建引领，激活志愿热情

这一次的志愿活动，联合了莞城创业社区居委会，同时也是党群服务中心，他们为人民尽心尽力，关注人民的日常生活，践行全心全意为人民服务的根本宗旨，让我们看见了中国共产党的先进性。

为什么人的问题，是检验一个政党、一个政权性质的试金石。中国共产党始终坚持以人民为中心，人民立场是中国共产党的根本立场。全心全意为人民服务是中国共产党的根本宗旨，坚持权为民所用、情为民所系、利为民所谋，他们走街串巷了解情况，组织活动，为的是给社区里的老人提供更好的生活条件和精神支持。

党与社会联系在一起，与人民联系在一起，这次的活动，增强了我们对中国共产党的信心，增强了我们希望入党的决心。中华人民共和国在中国共产党的领导下，将会熠熠生辉。

（三）志愿服务为社会，自我价值在其中

人的价值在于通过自己的活动满足社会、他人和自己的需要，但主要在于对社会的贡献。人既是价值的创造者，又是价值的享受者。人生活在社会中，总是需要依靠社会创造的财富来满足自己的各种需要，因此，每个人理当用自己的劳动创造物质财富和精神财富来回报社会、满足他人的需要。一个人付出了心血和劳动，满足了社会和他人的需要，同时自己也获得相应的劳动报酬，得到社会对自己价值的承认，实现了自我的满足，换言之，就是价值的自我实现。

成为一名学生志愿者，可能无法为社会创造物质财富，但可以为社会创造精神财富，实际上，对于这些老人，精神财富比物质财富更宝贵，在此同时，作为志愿者的我们也能实现个人价值。在莫奶奶的家里，虽然姐妹二人互相陪伴，但她们仍十分孤独，她们重复强调不需要多少物资捐赠，只需要有人陪在她们身边，关心一下她们，和她们谈谈话，她们多次感谢我们这些志愿者，这也让我们感受到了自己价值的实现。

另外，参加这一次的志愿活动也能让我们形成正确的价值观，我们看见了志愿对于社会的影响，我们在做志愿的过程中，也正在享受助人的快乐，以及在助人后获得的自豪感和成就感，在与老人们交涉的同时，也能丰富我们的人生阅历，第二位拜访的是袁林兴爷爷，他年纪过百，行动不便，似乎一阵风都能将他吹倒，可当我们来到他的房间时，他和我们每个人都握了手，他拄着拐杖，也坚持要跟我们到客厅里交谈，尽管我们的交谈过程因为爷爷的耳朵不太好而变得不容易，但是他的家人也一直在我们身边帮助我们，我们了解到爷爷的情况，我们问他最近的胃口怎么样，能不能吃下饭。他听清楚后对着我们笑了笑："吃饭还是可以的，不管怎样，能吃饱饭就是最重要的。"他能与老伴谈天说地，品茶作乐，关注时事新闻，他对生活不离不弃，始终保持热爱，没有什么能摧垮他对生活的热情，他的这种品质令我们十分感动，对待生活保持热爱和乐观的心态，开开心心地过着每一天。

同时，爷爷的家人也一直在照顾爷爷，这令我们很感动，在这个老城区里，我们看到了很多亲情与陪伴，在现代社会，我们也更希望这种亲情能传承下来。我们在志愿服务过程中领悟到的亲情和袁爷爷的乐观向上，也都在帮助我们树立正确的价值观。

价值观承载着一个民族和国家的精神追求，体现着一个社会评判是非曲直的标准。人类社会发展的历史表明，对一个民族和国家来说，最持久、最深层的精神力量是全社会共同认可的核心价值观。我们也希望，全社会都能形成助人为乐、发自内心热爱志愿的价值观，实现每一个人的价值。

努力奉献的人是幸福的。走不出自我狭隘天地的人，不想为他人和社会奉献的人，永远不可能拥有真正的幸福。爱我们的家人，爱我们身边的朋友，爱我们的事业，爱我们的祖国，积极投身于为人民服务的实践，是实现人生价值的必由之路，也是拥有幸福人生的根本途径。为人民服务就是为了人民的利益真诚地付出，忘我地投入，为人民服务的根本目的是贡献个人的力量，增进人民的利益，促进社会的发展。社会的发展又会带动个人的进步，帮助个人实现自己的人生价值。

三、模拟公共参与活动的组织与实施

（一）含义与特征

随着中国特色社会主义伟大实践的不断推进，公民越发将目光聚焦于社会公共领域，关注社会公共生活，加入公共服务，影响公共决策。中国式现代化进程呼唤公民高效有序的公共参与，同时对公民的公共参与素质和能力有着更高的期待。

即将成年或已经成年的高中生在政治素养、知识与文化素质、道德素养、法治素养、社会热点剖析能力等方面都有一定的进步，但仍不成熟。高中生是国家建设的重要后备力量。这也决定了培育和进一步提高高中生公共参与素养的任务重大。

《普通高中思想政治课程标准（2017 年版 2020 年修订）》指出，高中思政课的核心素养是政治认同、科学精神、法治意识和公共参与，其中就包括公共参与活动所要求的公共参与素养。高中思政课凭借其学科内容的综合性、德育工作的引领性和课程实施的实践性等显著特征，在培育和提高高中生公共参与素养任务中起着举足轻重的作用。

可见，高中思政课和公共参与活动天然地在知识、能力、情感、态度、价值观等方面具有紧密联系。将高中思政课和公共参与活动有机结合可极大地正向发挥立德树人的作用，既借公共参与活动的形式来培育高中思政课核心素养，又依托高中思政课的重要地位推动高中生接触和投入公共参与活动，为国家建设提供人才支撑。因高中生难以具备参与联合国、法庭、人大、政协活动的条件，故在校园内开展模拟公共参与活动。

模拟公共参与活动是走向社会大课堂的社会活动教学类型之一。它不是为了娱乐而开展活动，也不是为了单纯演绎某种生活经验而活动，而是高中思政课原有课程内容的有益补充，其以丰富多样、生动有趣的形式促成高中思政学科核心素养的落真落实。本书主要对模拟公共参与活动中的模拟联合国、模拟法庭、模拟人大与模拟政协这四种形式展开研究。

就特征而言，与高中思政课相结合的模拟公共参与活动至少具有生活性、目的性、主体性和补充性。

1. 生活性

公共参与活动本身就与公众生活息息相关。在带领高中生开展模拟公共参与活动的过程中，如果教师着眼于学生的真实生活，以学生生活为基础创设出具有生活趣味和现实意义的公共参与情境，使学生得以探索与自身相关的世界，则能最大限度地激发学生情感心理上的共鸣，提升培养学生核心素养的效果。

2. 目的性

毫无疑问，模拟公共参与活动的目的应与普通高中教育的培养目标相契合，与高中思政课的课程标准相配合，导向培育和发展高中思政课的核心素养。当然，除明确的目的性外，模拟公共参与活动还具备许多其他功能，包括但不限于调动学生兴趣、丰富教学体验、渗透学科知识和塑造合格公民。

3. 主体性

模拟公共参与活动依赖真实的生活情境。一般来说，教师会充当生活情境的“编剧”和“导演”，起主导作用；学生则是生活情境的“演员”，起主体作用。当然，当学生群体的整体素质较高且对模拟公共参与活动颇有经验时，教师也可以进一步放手让学生同时担任“编剧”或“导演”。从角色分工的角度看，学生在模拟公共参与活动中“敢想、敢说、敢干”，通过自我教育实现自我发展。模拟公共参与活动使学生真正成为学习的主体、课堂的主人，充分调动学生的主体能动性，真正达到了“授人以鱼不如授人以渔”的效果。

4. 补充性

从时间上看，模拟公共参与活动的实施全过程显然需要花费学生的时间，若将这部分时间纳入高中思政课原本的教学课时安排，则会产生显著压缩高中思政课原本教学课时的结果，存在主次不分、顾此失彼的弊端。因此，模拟公共参与活动不宜占用高中思政课原本的教学课时，而应选用与高中思政学科配套的第二课堂、社团等时间来开展。从内容上看，模拟公共参与活动的实施全过程必定是纲举目张、内容明确的，若其内容严重偏离高中思政课教学内容，则会产生增添学生负担的结果，对学习吃力者是雪上加霜。因此，模拟公共参与活动的内容设定应尽可能与高中思政课教学内容相衔接，甚至可取材于高中思政课教学内容，作为高中思政课的有益补充来导向培育学生的核心素养。

（二）模拟联合国

2017 年 12 月，经济合作与发展组织将“全球胜任力”定义为：对地区、全球和跨文化议题的分析能力，对他人的看法和世界观的理解和欣赏能力，与不同文化背景的人进行开放、得体和有效互动的能力，以及为集体福祉和可持续发展采取行动的能力。模拟联合国活动课程是培养青年学生全球胜任力的重要途径之一。模拟联合国即模仿联合国大会和其他多边机构，依据其运作方式和议事原则，运用外交知识和外交礼仪，围绕国际热点问题，通过提交相关文件、观点阐述、磋商、投票表决等形式展开活动。

1. 目标与主题

（1）目标

就总目标而言，本书所研究的与高中思政学科相结合的模拟联合国活动课程专为高中生的长远发展而设，直接导向培育学生的公共参与核心素养，对促进国家治理体系和治理能力现代化，推动构建人类命运共同体具有重要意义。总目标又可细分为知识目标、能力目标、情感态度价值观目标。知识目标，模拟联合国活动课程赋予学生学习联合国及其他国家机构运作方式、运用外交礼仪、了解国际要闻的机会，在知识层面增广见闻；能力目标，在参与模拟联合国的过程中，提交文件、观点阐述、磋商等环节能提升学生的文书写作能力、逻辑思维能力、表达能力和团队合作能力；情感态度价值观目标，学生在参与模拟联合国的过程中，担任不同国家或政治实体的外交代表，结合所代表的国家或政治实体的利益对议题发表观点，能充分感知自身与国际世界的联系，发挥自身对国际事务的作用。从中，学生能够有目的、有意识地参与政治生活，增强主人翁意识，提升公共参与核心素养。

（2）主题

根据不同的标准，可对模拟联合国的主题类型作出不同的划分：

依据模拟联合国的用途，可将其划分为学术研讨型、教学实用型。学术研讨型侧重由相关研究者、学习者共同交流、分析讨论得出解决问题的办法。这类模拟联合国的参加人员往往拥有不同的身份地位、经验认识，具备多元丰富的知识背景，在模拟联合国的过程中能够就某一事务从多个角度、不同立场阐述意见，有助于得出解决问题的最优办法；教学实用型侧重于教学，常常由教师主导，学生参与，与教学内容密切相关。高中思政教材选择性必修 1《当代国际政治与经济》详细介绍了联合国等国际组织，还阐明了当今时代的鲜明主题是“和平与发展”，这些教材知识与模拟联合国高度相关。本书所研究的模拟联合国是高中思政课的有益补充，应属于教学实用型。因此，在开展模拟联合国活动过程中，应注重引导学生结合并落实《当代国际政治与经济》的相关知识。

依据模拟联合国议题的时效性，可将其划分为历史议题型、现时议题型、混合型。历史议题型指模拟联合国确定的议题是已经发生的较为久远的历史事件，如议题“在布隆迪的卢旺达难民”。这类型模拟联合国的重要功能之一在于促使参与人员回顾特定历史事件，了解过去的问题和困境，重新思考针对问题和困境的更优解决办法，获取解决同类问题和困境的新灵感，推动创新与发展。现时议题型指模拟联合国确定的议题是正在发生的或已发生并结束但仍处于热议中的事件，如议题“2022年俄乌冲突”。这类型模拟联合国极具时效性和现实价值，其重要功能之一在于及时唤醒参与人员关注当下发生的重大事件，集中精力研究和讨论当前问题，缓解社会焦虑，推动问题的尽快解决。混合型指模拟联合国确定的议题所涉及的事件没有一个明确的发生或结束时间，这些事件可能既涉及一定的历史背景，又关联当前的国际形势。这类型模拟联合国的议题包括但不限于气候变化、性别平等、公共健康、消除饥饿。本书所研究的模拟联合国可根据教学实际需求确定采用何种议题。

依据模拟联合国议题的争议度，可将其划分为共识性议题型、争议性议题型。共识性议题型指模拟联合国确定的议题已由绝大部分甚至全部参与人员达成一致观点。这类型模拟联合国无法充分调动参与人员的思考、表达热情，无法营造积极的互动氛围和活跃的会场效果。争议性议题型指模拟联合国确定的议题不能得到绝大部分参与人员的一致观点，甚至引发多种不同观点。这类型模拟联合国因其明显的争议性而极具研讨价值，往往更受学生欢迎，能带给学生更真实丰富的模拟体验。本书所研究的模拟联合国活动课程是社会活动教学的一种，应尽可能从学生本位出发，选择争议性议题型。当然，划分共识性议题型和争议性议题型的界限并非一成不变的，需结合参与人员实际情况确定何为共识性议题，何为争议性议题。

2. 过程与方法

（1）课时安排方面

因学生在高二学习的高中思政教材选择性必修1《当代国际政治与经济》第四单元涉及联合国等国际组织的知识，且与培养学生的公共参与核心素养直接相关，故建议开展模拟联合国活动课程与教授《当代国际政治与经济》第四单元同步进行。因前述模拟公共参与活动的补充性，故不宜让模拟联合国活动课程占用高中思政课原本的课时安排，但这并不意味着将模拟联合国的活动时间零散化、随机化。本书建议，在教授《当代国际政治与经济》教材时，同步利用第二课堂的5个课时左右开展模拟联合国。

在现实中，许多高中学校已有初具雏形或历史悠久的模拟联合国社团，但若仅依靠社团自主开展模拟联合国活动，则常因缺乏有力督促与指导而产生成员出勤率低、活动时间随意、活动质量低等不良现象。与高中思政课相结合的模拟联合国活动课程可积极整合已有的模拟联合国社团资源，充分利用模拟联合国社团活动的时间。这将使高中学校得以统筹规划模拟联合国活动，使模拟联合国活动课程发挥最大效用。

（2）教学内容方面

总的而言，模拟联合国的课时安排至少包括如下教学内容：关于联合国和模拟联合国的基本介绍，介绍会议流程、礼仪与规则，撰写相关文件，议题演练与正式比赛，总结与评价。

一般而言，在教授《当代国际政治与经济》教材时，已由任课思政教师阐明“联合国”的相关知识，因此，在模拟联合国活动课程中无需再赘述这一部分。“关于模拟联合国的基本介绍”则只需占用极少量时间使学生加以了解。“介绍会议流程、礼仪与规则”意在从理论层面让学生留下印象，不要求死记硬背，不需耗费太长课时，可在后续的实操环节中让学生践行。“撰写相关文件”直接与学生演练、比赛的效果相关，需要学生边学习边思考边操作，教师再给予反馈，使学生的“学”和教师的“教”之间产生良性互动。因此，这块教学内容需花费较长课时。“议题演练与正式比赛”是课程教学中的实操环节，其中，“议题演练”可以不需校外资源条件即可在校内开展，是模拟联合国活动课程所必需的教学内容。“正式比赛”既可以是校内举办的赛事也可以是校外举办的赛事。本书建议，如条件允许，学校应鼓励学生积极参与校外举办的赛事如广东省中学生模拟联合国大会竞赛，以促进学生走向社会，开阔眼界，提高公共参与核心素养。在每次演练或比赛后应及时进行“总结与评价”。这两块教学内容需花费较长课时。

（3）场地建设方面

为有效完成模拟联合国活动课程，尤其为保证议题演练与赛事的顺利举办，场地建设是其中一个重要环节。对高中学校而言，场地建设要求至少包含一处固定的活动场所如会议室、完整的音响及投影设备。如资金更为充裕，条件允许，学校还可添置会场视频跟踪系统、现场实时投票系统及同声传译系统等。

下面展示广东省东莞市某所国家级示范性普通高中所开设的模拟联合国活动课程示例（示例 1），该例可供参考。

<table>
<tr><th>课时</th><th>教学内容</th><th>教学素材</th><th>教学要求</th></tr>
<tr><td>第 1 课时</td><td>关于联合国和模拟联合国的基本介绍；
介绍会议流程、礼仪与规则</td><td>视频：播放中央电视台纪录片《联合国》</td><td></td></tr>
<tr><td>第 2 课时</td><td>撰写相关文件：立场文件、发言稿、决议草案
（以某一具体议题为例）</td><td rowspan="2">议题：建立国际协议防止核武器与核技术向非国家组织的扩散；
相关文件的示例</td><td rowspan="2">学生在课堂上独立或两人合作制作一种文件，课后交教师批改</td></tr>
<tr><td>第 3 课时</td><td>撰写相关文件：主席声明、工作文件、会议报告
（以某一具体议题为例）</td></tr>
<tr><td>第 4 课时</td><td rowspan="2">抽签确定主席团成员、各国家代表、国际组织代表、主新闻中心、志愿者等角色并开展议题演练
（以某一具体议题为例）</td><td>议题：努力实现世界贫困与饥饿减半的目标</td><td rowspan="2">教师对学生演练效果及时作出评价</td></tr>
<tr><td>第 5 课时</td><td>议题：在布隆迪的卢旺达难民</td></tr>
<tr><td>寒假</td><td>正式比赛</td><td>赛事：2024 中报模联粤港澳大湾区活动</td><td>教师对学生比赛情况及时作出评价</td></tr>
</table>

该高中于秋季学期利用每周的社团活动时间开设模拟联合国活动课程，共 5 个课时，每个课时为 60 分钟。课时教学内容安排表如下：

该校开展的模拟联合国活动课程主要面向正在学习高中思政教材选择性必修 1《当代国际政治与经济》的高二学生。从课时教学内容安排表可知，该校基于“和平与发展”时代主题确定议题，这与《当代国际政治与经济》所阐述的“和平与发展”时代主题相照应，有助于为高中思政课服务，属于教学实用型的模拟联合国；课程中所涉及议题的时效性包含历史议题型、现实议题型和混合型；课程中所涉及议题极有可能引发不同国家或国际组织代表的不同意见，属于争议性议题型的模拟联合国。

该校模拟联合国活动课程设计有如下亮点：课时精且效果好。虽然仅设置了 5 个课时，但每一课时教学计划明确，每一教学内容均有与之对应的教学素材和教学要求，以保证学生的学习效果；整合社团效率高。该校充分利用每周固定社团时间开展课程，既整合了原有模拟联合国社团的资源，破除社团自主活动的弊端，又不占用学生额外时间，避免增添学生负担；真实赛事提素养。在5个教学课时结束后，该校鼓励学生积极参与于寒假举办的2024中报模联粤港澳大湾区活动，意在通过正式赛事打磨和检测学生所学技能，通过“走出去”的方式锻炼学生的公共参与核心素养。

3. 成果与评价

（1）成果方面

有的教师认为，学生在模拟联合国活动课程中的学习成果仅显现于学生参加正式比赛时的获奖情况。持此观点者往往会过分关注学生的比赛结果，急切地期待着学生能在比赛中名列前茅，以此突出说明模拟联合国活动课程的优秀教学效果。现实中，付出与回报之间常常容易出现失衡，高付出却带来低回报的现象比比皆是。比赛结果受主客观因素影响，并非由个人意志决定。这启示我们，比赛结果可能不能完全反映出参赛学生的付出与真实学习效果。当比赛结果不理想时，教师不应以此否定自己的教学付出和学生的学习成果，而应客观地分析原因，查漏补缺，为日后的课程教学添砖加瓦。当比赛结果达到预期，较为理想时，教师也不应沾沾自喜、骄傲自满，而应正确引导学生一齐总结归纳这一阶段的教学亮点与不足，也可在与其他参赛选手的交流、对比中发现自身不足，进一步优化未来的课程教学。

事实上，教师的目光应当更为广阔长远，应看到在模拟联合国活动课程中，学生的成果并不仅显现于参加正式比赛时的获奖情况，还存在于学习的过程中。教师还应由此及彼，观往知来，留心在课程学习中学生公共参与核心素养的成长与未来发展潜力。

仍以广东省东莞市某所国家级示范性普通高中所开设的模拟联合国活动课程（示例1）为例。虽然该校用于开展模拟联合国活动课程的课时仅有5个，但从其课时教学内容安排表可知，每一课时都有扎实的教学内容和与之对应的教学要求，并非急于求成、流于形式。学生撰写文件的完成度、规范度，演练、比赛的现场表现都是其学习的成果。教师可通过学生多种多样的成果及时了解其学习状态，优化教学安排。

（2）评价方面

教育部于2001年6月印发的《基础教育课程改革纲要》介绍了基础教育的课改

内容和今后的实践方向，其在关于课程评价中提到："建立促进学生全面发展的评价体系。评价不仅要关注学生的学业成绩，而且要发现和发展学生多方面的潜能，了解学生发展中的需求，帮助学生认识自我，建立自信。"这段文字虽不多，但意义深刻、指向明确。传统教育评价方式已不能适应现代教育发展需求，急需求变。现代教育评价的核心功能不是甄别学生好坏优劣，而是促进学生在原有水平的基础上向前向好发展。

根据基础教育的课改内容和今后的实践方向，在模拟联合国活动课程中，教师不宜只用简单粗暴的打分形式给予学生学习评价，更不宜直接套用或化用参加比赛的获奖情况来给予学生评价。应当关注学生在学习过程中生成的多种多样的成果，由多个主体给予学生过程性、分角色的、描述性的评价。

一是开展多主体评价。传统教育评价模式是由教师这一单主体对学生成果展开评价。在高中学校开设的模拟联合国活动课程中，教师数量极为有限，往往只有一位或少数几位。若仅依赖教师有限的力量来对每一位学生的表现展开评价，往往会使教师分身乏术、筋疲力尽，还容易导致评价不够细致、全面，甚至流于形式。因此，要采用多主体评价模式。多主体可包括教师、学生本人、合作成员等等。

教师评价。教师是课程的主导者，预先设置了教学内容及相应的教学要求，能根据教学经验事先预设学生的学习效果。教师可对学生撰写相关文件的完成度、规范度，演练、比赛的现场表现等进行评价。此外，模拟联合国活动课程导向培育和发展高中思政课的核心素养。因此，教师还应对学生展现出的情感、态度、价值观作出评价。

学生本人评价。学生本人对自己在课程中的所学所知所做所感最清楚明白。因此，应给予学生本人机会指出自己的积极表现和不足之处。

合作成员评价。合作是模拟联合国活动课程中的重要学习方式，尤其体现在议题演练与正式比赛中。在演练与比赛的过程中，每一国家或国际组织派出的代表数量有多个，意味着代表同一国家或国际组织的多个代表须基于一致的利益取向展开合作。合作成员是被评价学生的合作伙伴，对被评价学生的团队合作能力、贡献最为清楚。因此，合作成员应对被评价学生在合作中的表现作出评价。

二是开展过程性评价。学生学习需要过程，参加比赛所得的结果也是过程中的一部分。因此，应当关注学生学习的动态全过程，而不能只关注参加比赛所得的结果。比如，在整个学习过程中，有下列项目可纳入评价，供参考。

“模拟联合国活动课程”学生过程性评价表

	评价细则	评价
参与度	保证出勤率，非必要不请假，紧跟课堂节奏	
文书写作	将课堂知识转化为文本，格式正确，用语规范，条理清晰，内容翔实，可操作性强	
演说发言	表达能力强，临场反应快，逻辑清晰，内容翔实，说服力强	
团队协作	沟通与协调能力强，在团队或阵营中提供主要力量	
演练与比赛	态度认真，积极投入，表现突出，有力推动会议进程	

三是分角色评价。在课程的演练与比赛中，学生通过抽签等方式确定主席团成员、各国家代表、国际组织代表、新闻中心、志愿者等角色。不同角色的任务和要求不相一致，此时，对学生表现进行评价时要注意分角色。比如，评价担任主席团成员的学生，应注重考察其主持、控场能力和理解他人的能力；评价担任各国家或国际组织代表的学生，应注重考察其语言表达能力、临场反应能力、逻辑思维能力、说服力和团队协作能力；评价担任主新闻中心的学生，应注重评价其会议记录与信息传递的速度、准确度等；评价担任志愿者的学生，应注重评价其运用语言的能力、与人沟通的能力和应对突发情况的能力。

四是描述性评价。传统教育评价模式习惯给学生成果打数字分或登记优良中差，以此评定学生成果的优劣。这种评价模式易导致评价走向功利化和形式化。无论是数字，还是优良中差，它们所包含的信息均十分有限，导致学生无法从中详细得知自身的亮点和不足，不利于学生的改进和成长。因此，应当更多地对学生成果采取描述性评价。描述性评价要求教师结合学生具体表现，以书面、口头等形式详细地指出学生的亮点、不足及改进方向，这有助于学生增强自信，发现不足，提升核心素养。

（三）模拟法庭

1. 目标与主题

（1）目标

模拟法庭是以法律案件为基础，在教师指导下，由学生亲身参与的模拟审判活动。在模拟过程中，学生分工扮演审判人员、公诉人、原告、被告、诉讼代理人等角色，严格依照法定程序对法律案件进行“审理”并最终依法作出“判决”。

就总目标而言，模拟法庭作为思政课社会活动教学的一种形式，直接导向培育学生的法治意识和核心素养，对构建法治社会、建设法治国家具有重要意义。总目标又可细分为知识目标、能力目标、情感态度价值观目标。知识目标，学生在亲身参与模拟法庭的过程中，获得代入角色分析法律案件、检索和应用法律条文、了解和对比类案异案的机会，能动自主地掌握基本法律知识；能力目标，学生在亲身参与模拟法庭的过程中，需分工扮演法庭角色，用恰当的言谈举止完成庭审准备、法庭调查、法庭辩论等各个环节，学生一边充分代入角色，一边做理性思考和逻辑表达，理性思维能力、表达能力和实践能力得到极大提升；情感态度价值观目标，学生在亲身参与模拟法庭的过程中，获得揣摩和体会角色情绪，感受和融入法庭庄严的机会。学生在过程中逐渐形成规则意识和程序意识，树立法治意识和法治信仰，做知法懂法守法用法的好公民。

（2）主题

根据不同的标准，可对模拟法庭的主题类型作出不同的划分：

依据模拟法庭的用途，可将其划分为普法宣传型、教学实用型。普法宣传型侧重于普法和宣传，常常由法律职业者提前预设、编排好特定的法律案件，在模拟过程中向观众传递法律知识、宣传法治观念。这类模拟法庭的组织者往往是法律职业者，有着扎实的法学背景和行业知识，在演绎模拟法庭时能够表现得更为专业。教学实用型侧重于教学，常常由教师主导、学生参与模拟法庭的演绎。这类模拟法庭作为一种活动课程，应为教学和课程服务。其所涉及的法律知识符合课程标准，与教学内容相衔接或取自教学内容。本书所研究的模拟法庭是高中思政课的有益补充，应属于教学实用型，其所涉及的法律知识应取自或与高中思政教材选择性必修 2《法律与生活》相衔接。

依据模拟法庭的案件类型，可将其大致分为刑事模拟法庭、行政模拟法庭、民事模拟法庭。刑事模拟法庭、行政模拟法庭分别以刑事法律案件、行政法律案件作为基础展开模拟。在模拟过程中，参与者须要具备刑事法律、行政法律的知识背景。在现实中，高中思政教师的学历背景和从业经验较少与法律挂钩，其中与刑事法律、行政法律相关的更是少之又少，这导致高中思政教师难以在刑事法律和行政法律领域给予学生充分的指导。此外，高中思政教材选择性必修 2《法律与生活》对刑事法律知识、行政法律知识的介绍十分有限，对学生掌握这两类知识的要求较低。因此，本书所研究的与高中思政课相结合的模拟法庭在实际中较少涉及刑事主题和行政主题；民事模拟法庭以民事法律案件作为基础展开模拟。在模拟过程中，需要参与者具备民事法律知识背景。在现实中，民事法律知识贴近生活日常，民事法律条文较为通俗易懂，这使得缺乏法律学历背景和相关从业经验的高中思政教师也能通过参与教材培训、结合生活常识等途径较好掌握民事法律知识，给予学生正确的指导。因此，本书所研究的与高中思政课相结合的模拟法庭在实际中更多涉及民事主题。

依据模拟法庭对学生的要求，从低到高可将其划分为体验模仿型、半模仿半创作型、高级创作型。体验模仿型的模拟法庭以激发学生兴趣、满足学生体验为主，对学生要求较低。这类模拟法庭往往须预先为学生选定法律案件，准备好充足完整的材料，包括剧本台词、法律文书、案件证据、服装道具等等，还须手把手地指导学生进行角色分工、彩排练习，最终优化表演效果、提升学生体验。半模仿半创作型的模拟法庭在体验模仿型的基础上，要求学生具备基础法律知识和能动创造性。这类模拟法庭在预先为学生选定法律案件后，可为学生准备部分材料，再引导学生根据教材知识或通过网上检索、咨询等途径自主丰富和完善材料，最终呈现出在一定程度上体现学生创造力成果的模拟法庭。高级创作型的模拟法庭对学生要求最高，能充分锻炼提升学生的能力、展现学生的核心素养。这类模拟法庭需预先和学生进行充分沟通，尊重学生想法，尽可能地提供方向上的引导、协助制定进度安排表和帮助答疑解惑。至于模拟法律案件的选择和相关准备工作可交给学生自主或用小组合作的形式完成。本书所研究的与高中思政课相结合的模拟法庭可根据教学需求、师资情况、学生素质等实际情况灵活选用体验模仿型、半模仿半创作型和高级创作型。

2. 过程与方法

（1）课时安排方面

因学生在高二学习的高中思政教材选择性必修 2《法律与生活》内均涉及法律知识，且与培养学生的法治意识核心素养直接相关，故建议开展模拟法庭活动课程与教授《法律与生活》同步进行。因前述模拟公共参与活动的补充性，故不宜让模拟法庭活动课程占用高中思政课原本的课时安排，但这并不意味着将模拟法庭的活动时间零散化、随机化。本书建议，在教授《法律与生活》一书时，同步利用第二课堂的 5—10 个课时开展模拟法庭，以保证模拟法庭活动的完整性、连贯性与逻辑性。

（2）教学内容方面

总的而言，模拟法庭的课时安排至少包括如下教学内容：关于模拟法庭历史沿革、组成人员、法庭布置、庭审流程等基本介绍，法律文书的格式与制作，证据类型与效力，法律案件分析示例，表演技巧与团队合作技巧，学生生成成果与评价。

一般而言，“关于模拟法庭的基本介绍”意在从理论层面让学生了解模拟法庭，不需耗费太长课时。而“法律文书的格式与制作”“证据类型与效力”“法律案件分析示例”和“表演技巧与团队合作技巧”直接与学生最终演绎模拟法庭的效果相关。这四块内容需要学生边学习边思考边操作，教师再给予反馈，使学生的“学”和教师的“教”之间产生良性互动。因此，这四块内容应花费较长课时。完成前述教学内容后，如课时仍充裕，则可将课堂时间交给学生自主安排，比如将时间用于生成模拟法庭；如课时不充裕，则可以布置课后探究作业的方式督促学生按照进度生成模拟法庭。经过教师的“教”和学生的“学”，学生应能掌握基本法律知识，锻炼法律实务操作能力，提升法治意识等核心素养。最终，教师应当为学生搭建课堂展示平台，给予学生在课堂上亲身演绎庭审现场、展示学习成果的机会，并对学生的学习表现作出评价。

当然，在实际操作中，每一块教学内容的详略与时长分配还需视课堂节奏、学生兴趣等情况而定。

下面展示广东省东莞市某所国家级示范性普通高中所开设的模拟法庭活动课程示例，该例可供参考。

该高中于春季学期开设“模拟法庭”第二课堂，共 10 个课时，每课时为 70 分钟。课时教学内容安排表如下：

<table>
<tr><th>课时</th><th>教学内容</th><th>教学素材</th><th>教学要求</th></tr>
<tr><td>第 1 课时</td><td>介绍模拟法庭的历史和发展、重要性、庭审组成人员、法庭布置和庭审流程</td><td>视频：播放中央电视台社会与法频道法制节目《庭审现场》</td><td></td></tr>
<tr><td>第 2 课时</td><td>法律文书的格式与制作：民事起诉状、民事答辩状、代理词（以某一具体法律案件为例）</td><td rowspan="2">法律案件：最高人民法院指导案例 23 号：孙银山诉南京欧尚超市有限公司江宁店买卖合同纠纷案；
法律文书模板</td><td rowspan="2">学生在课堂上独立或两人合作制作一种法律文书，课后交教师批改</td></tr>
<tr><td>第 3 课时</td><td>法律文书的格式与制作：民事判决书、庭审笔录（以某一具体法律案件为例）</td></tr>
</table>

（续表）

课时	教学内容	教学素材	教学要求
第 4 课时	常见的证据类型：书证、物证、视听资料、证人证言、当事人的陈述、鉴定结论、勘验笔录（以具体法律案件为例）	法律案件：秦智渊诉清远市江山电子有限公司、上海亦隆小商品市场经营管理有限公司侵犯著作权纠纷案； 最高人民法院指导案例 18 号：中兴通讯（杭州）有限责任公司诉王鹏劳动合同纠纷案	学生在课堂上以判断的形式区分常见的证据类型，特别要区分书证、物证、视听资料
第 5 课时	证据的效力（以具体法律案件为例）	纪录片：辛普森杀妻案	学生在课堂上围绕“辛普森杀妻案”谈证据的效力对案件判决结果的影响
第 6 课时	代入角色分析离婚纠纷、遗产纠纷法律案件	离婚纠纷案：孙文青与郭梅德离婚财产纠纷案； 遗产纠纷案：顾甲与顾乙、顾丙、顾丁、顾戊等遗嘱继承纠纷案	在教师引导下，学生分别代入案件中的审判员、书记员、原告、被告、代理人、法警、证人等角色，对案件展开分析
第 7 课时	代入角色分析知识产权纠纷法律案件	知识产权纠纷案：陈某、运城某公司等侵害技术秘密纠纷案	
第 8 课时	代入角色分析劳动合同纠纷、买卖合同纠纷法律案件	劳动合同纠纷案：青海门源农村商业银行股份有限公司与严平功劳动争议案； 买卖合同纠纷案：最高人民法院指导案例 2 号——吴梅诉四川省眉山西城纸业有限公司买卖合同纠纷案	
第 9 课时	学生生成模拟法庭：分组并选择模拟的案件类型，再以小组合作的形式生成模拟法庭的剧本、法律文书、证据等材料	五种可选择的案件类型：离婚纠纷案、遗产纠纷案、知识产权纠纷案、劳动合同纠纷案、买卖合同纠纷案	10 人左右为一组，各组需确定一名小组长并在正式展示前提交相关材料给教师，应保证五种可选择的案件类型均被覆盖
第 10 课时	学生以小组为单位展示模拟法庭成果	视频：播放往年模拟法庭“第二课堂”学生优秀成果	评价学生成果

该校开展的“模拟法庭”第二课堂主要面向正在学习高中思政教材选择性必修2《法律与生活》的高二学生。从课时教学内容安排表可知，其教学内容与《法律与生活》的教材内容相衔接，有助于为高中思政课服务，属于教学实用型的模拟法庭；其主要以民事法律案件作为基础展开教学和模拟，属于民事模拟法庭活动课程；在学生生成模拟法庭这个环节中，教师充分尊重学生想法，让学生选择模拟何法律案件和合作完成相关准备工作，属于高级创作型的模拟法庭。

该校“模拟法庭”第二课堂课程设计有如下亮点：教学内容由浅入深，逻辑完整。10个课时教学内容扎实，环环相扣，层层递进，言之有物，教之有方。教学素材真实丰富、形式多样。每一教学内容均有与之对应的教学素材，或为视频或为真实案件，能充分激发学生的学习兴趣，活跃课堂氛围。教学效率高、教学效果好。该校第二课堂属于大班教学，难点在于关注每位学生的学习情况和保证每位学生的参与度、获得感。为突破此难点，在实施教学的过程中，该校尤为注重创设师生互动和生生互动的机会，如运用趣味问答判断、开展小组合作探究，以最大限度地帮助学生学有所获。

3. 成果与评价

（1）成果方面

有的教师认为，学生在模拟法庭活动课程中的学习成果仅显现于学生演绎模拟法庭之时。在教学过程中，持此观点者往往会过分关注学生在课程末尾演绎模拟法庭的效果，甚至情不自禁地如同保姆似的全方位指导和帮助学生，以提升演绎效果，但轻视了前期按部就班、由浅入深教学的必要性及学生自我生成、发展的重要性，最终陷入操之过急、急于求成的教学误区。

模拟法庭活动课程不应当受困于应试教育思维①，而应转向素质教育，不应当仅关注学生的一次性成果，而应关注学生的过程性成长和未来发展潜力。因此，模拟法庭活动课程的教师须扩大视野，留心观察学生在学习过程中给予的反馈及变化，关注学生生成的多种多样的成果。

仍以广东省东莞市某所国家级示范性普通高中所开设的模拟法庭活动课程为例。该校由浅入深、层层递进、扎实有效地开展模拟法庭，每一块教学内容均有与之对应

① 李旻昱．全面依法治国视角下高素质法治人才培养探究［J］．公关世界，2024（18）：64-66.

的细化的教学要求。学生须以文字、口述、辩论、行动等方式完成制作法律文书、区分证据类型、分析具体案件、演绎模拟法庭等教学要求，这既有助于每一块教学内容的落真落实，又有助于教师通过学生的表现及时了解其学习情况，发现其学习疑惑，关注其在学习过程中生成的多种多样的成果。

（2）评价方面

学生在模拟法庭活动课程中生成的成果是多种多样的，这就要求不能只由教师给予学生一次性的简单化评价，而应当由多个主体给予学生过程性的、分角色的、描述性评价。

一是开展多主体评价。传统教育评价模式是由教师这一单主体对学生成果展开评价。模拟法庭活动课程中往往有数十位甚至上百位学生，而教师只有一位或少数几位。若仅依赖教师有限的力量来对每一位学生的表现展开评价，往往会使教师分身乏术，筋疲力尽，容易导致评价不够细致、全面。因此，要采用多主体评价模式。多主体可包括教师、学生本人、同组学生成员、观众、法律专业人士等等。

教师评价。在模拟法庭活动课程中，教师起主导作用，熟知每一块教学内容，能预设学生的学习效果。因此，教师可对学生掌握知识的程度及运用情况作出评价。此外，模拟法庭活动课程作为高中思政课的有益补充，导向培育和发展高中思政课的核心素养。因此，教师还应对学生展现出的情感、态度、价值观作出评价。

学生本人评价。学生本人对自己在课程中的所学所知所做所感最清楚明白。因此，应给予学生本人机会指出自己的积极表现和不足之处。

同组学生成员评价。小组合作是模拟法庭活动课程的重要学习方式，更是互相促进、互帮互助的学习途径。同组成员是被评价学生的合作伙伴，对被评价学生的团队合作能力、小组贡献最为清楚。因此，同组成员应对被评价学生的小组合作表现作出评价。

观众评价。模拟法庭活动课程是社会活动教学的一种，不应是封闭的课堂，而应是开放的课堂，应尽可能地让学生成果向更多观众展示。观众可包括本课程的学生观众、非本课程的师生观众、社会网络观众等等。比如，在学生最后以小组为单位展示模拟法庭成果时，可利用新信息技术实时进行网络直播，开启网络投票打分通道，邀请在线网络观众对学生的成果进行评价。

法律专业人士评价。若教学条件支持，在模拟法庭活动课程中引入法官、律师、检察官等法律专业人士是极具教学价值的。法律专业人士拥有扎实的法律背景和行业知识，熟知真实的庭审现场。因此，由法律专业人士来评价学生理解、运用法律知识的准确度和模拟庭审现场的完整度、规范度，是再恰当不过的。

二是开展过程性评价。学生学习需要过程，最后的结果也是过程中的一部分，因此，应当关注学生学习的动态全过程，而不能只关注最后的结果。应当全面、科学、真实、有效地收集每一教学阶段或每一块教学内容中学生的表现，分阶段或分教学内容地展开评价，这有助于促使学生对课程持续保持较高的积极性和投入度。

三是开展分角色评价。在演绎模拟法庭时，学生担任着不同角色，而不同角色的任务和要求不相一致。因此，对学生表现进行评价时要分角色进行评价。比如，评价演绎法官的学生，应注重评价其庭审控场能力和判决合法性、合理性；评价演绎书记员的学生，应注重评价其对庭审程序的熟悉度，记录的准确度和资料整理情况；评价演绎当事人的学生，应注重考察其语言表达能力；评价演绎代理人的学生，应注重考察其法律知识的运用能力，庭审应变能力，语言表达能力和团队协作能力[①]；评价演绎证人的学生，应注重考察其证言的逻辑性，表演的真实性和情感的投入性。

四是开展描述性评价。描述性评价要求教师结合学生具体表现，以书面、口头等形式详细地指出学生的亮点、不足及改进方向，这有助于学生增强自信，发现不足，提升核心素养。

（四）模拟人大与模拟政协

1. 目标与主题

（1）目标

当代青年正处在实现中国梦的年富力强时期，是接力奔跑、实现中华民族伟大复兴的中国梦圆梦人。深刻认识从中国社会土壤中生长起来、植根于中国大地的中国特色社会主义制度，正确理解新时代中国特色社会主义民主的本质内涵，亲身体验中国式民主的魅力，是当代青年在追梦、圆梦路上的必修课。

中国特色社会主义制度包括人民代表大会制度的根本政治制度、中国共产党领导的多党合作和政治协商制度、民族区域自治制度以及基层群众自治制度。高中思政教

① 梁舒琪. 模拟法庭在初中《道德与法治》课教学中的应用研究［D］. 广州：广州大学，2022：MA thesis.doi：10.27040/d.cnki.ggzdu.2022.001531.

材必修3《政治与法治》第二单元“人民当家作主”从理论层面介绍了中国特色社会主义制度，还通过“探究与分享”“专家点评”“相关链接”板块对理论性知识作进一步阐述。对高中生而言，若仅从理论角度认识中国特色社会主义制度，则只能达到浅层记忆、背诵相关知识的学习效果，无法具象深刻地理解、感受中国特色社会主义制度的魅力，更无法将自身融入中国特色社会主义制度，沉浸式地参与民主政治实践。

模拟人大即模拟人民代表大会的运作方式，体验人民代表大会制度。在模拟过程中，学生分别扮演人大常委会主任、秘书长、人大常委会委员、人大代表、其他国家机关负责人等角色，亲身参与作报告、听取报告、审议议案、提出质询、投票表决等环节。模拟政协即模拟人民政协的组织形式、议事规则，体悟具有中国特色的民主协商政治制度。在模拟过程中，学生亲身参与发言、研讨、提案等环节，其中，提案环节需要学生在参会之外完成大量工作，包括确定选题、调查研究、撰写提案等，这也是最能锻炼学生能力与素养的环节。

虽然模拟人大与模拟政协的过程不相一致，但二者的共同点在于其均是对中国特色社会主义制度的具象化，均是对社会主义民主的有益实践和探索，在目标上具有一致性。

就总目标而言，模拟人大与模拟政协作为思政课社会活动教学的一种形式，直接导向培育学生的政治认同、公共参与、科学精神等核心素养，对学生走向社会，为社会输送优秀人才和打造生力军具有重要意义。政治认同，学生在参与模拟人大与模拟政协的过程中，不仅有助于学习教材知识，还从情感意识上感受作为中国公民的身份，培养对中国共产党和社会主义的真挚情感与理性认同；公共参与，学生在模拟人大与模拟政协的过程中，须以主人公姿态积极融入社会集体，细致观察社会问题，培养为人民服务的责任担当；科学精神，学生在模拟人大与模拟政协的过程中，需以科学的调查研究方法展开实地调研，用理性思维分析现实问题，培养实事求是的科学精神。

（2）主题

根据不同的标准，可对模拟人大与模拟政协的主题类型作出不同的划分：

依据模拟人大与模拟政协对学生的要求，从低到高可将其划分为体验模仿型、自主创作型。体验模仿型重在模仿。各级人大与各级政协的运作方式、组织形式和议事规则均公开透明，每次会议议程也均向社会公开。对于体验模仿型的模拟人大与模拟政协，学生可通过关注新闻、查阅资料等方式轻松获取模仿素材。这类模拟人大与模拟政协对学生思维、能力等方面的要求并不高，意在通过整套过程的模仿让学生在行动上更加明确人大与政协的运作方式，更好理解中国特色社会主义制度的最大优势。自主创作型重在创作。无论是人大还是政协，其一大重要功能是代表人民意志，反映人民意愿，解决人民所需所急所盼。自主创作型的模拟人大与模拟政协要求学生真实地代入角色，积极从现实生活中汲取新鲜的模拟素材，尤其要形成真实的议案提案以反映人民真实意愿，努力解决社会问题。本书所研究的模拟人大与模拟政协可视具体教学需求选择体验模仿型或自主创作型。本书鼓励学校在开展模拟人大与模拟政协活动时，尽可能地选择自主创作型以更好提高高中生的核心素养。

自主创作型的模拟人大与模拟政协要求模拟素材新鲜、真实，具备现实价值。在模拟过程中，不同成长阶段的青少年关注、挖掘的模拟素材类型明显不同。按照模拟素材类型的不同，可将青少年开展的模拟人大与模拟政协活动作进一步划分。一般而言，少年时期因活动场域更多在学校与家庭，接触或感兴趣的社会信息较少，因此关注、挖掘的模拟素材更多关乎自身教育及健康成长；进入高中、大学后，随着接触的社会信息逐渐增多，视野会更加开阔，也更具社会责任感，因此关注、挖掘的模拟素材更加社会化；步入社会后，青年融入社会，能更深刻理解社会本身的复杂机制，其经济社会发展与自身成长相结合的主体意识和话语权意识不断增强，因此关注、挖掘的模拟素材呈现出从个体到群体、从自身到下一代的特征[①]。本书所研究的与高中思政课相结合的模拟人大与模拟政协，恰逢学生处于高中阶段，因此模拟素材具有一定社会化的特征。

2. 过程与方法

（1）课时安排方面

因学生在高一学习的高中思政教材必修3《政治与法治》第二单元内涉及人民代表大会制度、中国共产党领导的多党合作和政治协商制度的知识，且与培养学生的政治认同、公共参与、科学精神核心素养直接相关，故建议开展模拟人大、模拟政协活动课程与教授《政治与法治》同步进行。此外，因自主创作型的模拟人大与模拟政协需由学生花大量时间走近社会生活，从现实中汲取新鲜模拟素材以形成真实的议案提

① 郭元凯．我国青少年模拟政协提案活动的参与现状及效果评估：基于1077份入围评审作品的实证分析［J］．青年发展论坛，2022，32（3）：39-49.

案，故建议采用自主创作型的模拟人大与模拟政协将这部分时间安排在法定节假日，与假期的社会调查实践活动相结合。本书建议，在教授《政治与法治》一书时，同步利用第二课堂5个课时开展模拟人大与模拟政协活动课程。

（2）教学内容方面

总的而言，模拟人大与模拟政协的课时安排至少包括如下教学内容：关于模拟人大与模拟政协的历史沿革、参与人员、会议流程等基本介绍，提案、议案的示例与撰写，调研，正式模拟人大与模拟政协。

一般而言，人大与政协的运作方式、组织形式和议事规则在新闻等资讯平台中常有报道，而《政治与法治》教材又对其作了介绍，故学生对此并不陌生，“关于模拟人大与模拟政协的基本介绍”不需耗费太长课时。“议案、提案的示例与撰写”需要教师向学生呈现尽可能多的示例以帮助学生掌握撰写议案、提案的技能，故需要较长课时。“调研”应安排在节假日以保障学生有充足时间走近社会，做真实有价值的调研。“正式模拟人大与模拟政协”均需花费较长课时，因模拟人大与模拟政协的总目标一致，若课时紧张，学校可择其一进行模拟，避免出现二者皆失的结果。

以2024年为例，模拟人大与模拟政协活动课程开设于春季学期，共5个课时，每课时为70分钟。课时教学内容安排表可参考如下。

课时	教学内容	教学素材	教学要求
第1课时	关于模拟人大与模拟政协的历史沿革、参与人员、会议流程等基本介绍； 议案、提案的示例	视频：播放东莞市第十七届人民代表大会第四次会议现场视频；播放中国人民政治协商会议第十四届东莞市委员会第三次会议现场视频； 展示议案《大力实施“百千万工程”深入推进乡村人居环境提升》； 展示提案《推行精益生产，促进企业提质增效，推动东莞市制造业可持续高质量发展》	
第2课时	议案的撰写 （以某一具体社会问题为例）	社会问题：东莞市增加建设特殊教育学校	学生在课堂上独立或两人合作制作一份议案，课后交教师批改
第3课时	提案的撰写 （以某一具体社会问题为例）	社会问题：完善东莞市生源或户籍的高校毕业生就业创业扶持政策	学生在课堂上独立或两人合作制作一份提案，课后交教师批改

（续表）

课时	教学内容	教学素材	教学要求
劳动节假期、端午节假期	学生以抽签等方式确定模拟角色，再展开调研		学生利用节假日展开调研并为模拟角色做好相关准备工作。返校后向教师提交相关准备工作
第 4 课时	模拟人大		教师评价学生成果
第 5 课时	模拟政协		教师评价学生成果

当然，在实际操作中，每一块教学内容的详略与时长分配还需视课堂节奏、学生兴趣等情况而定。

该课时教学内容安排表有如下亮点：自主调研提素养。从课时教学内容安排表可知，学生需用节假日时间亲身走入社会调研，从现实生活中寻求新鲜的议案、提案素材，而不是简单模仿已公开的议案、提案。此教学活动属于自主创作型，对学生的要求更高，能极大锻炼和提升学生政治认同、公共参与、科学精神等核心素养，为高中思政课服务。紧跟时政新动态。将模拟人大与模拟政协活动课程开设于春季学期，可巧妙利用年初召开的两会作为教学素材，达到教学紧跟时代热点，学校小课堂与社会大课堂紧密结合的效果，更凸显思政教学的针对性与时效性。本土素材展情怀。事实上，在选用视频、议案、提案、社会问题等教学素材时，可选择的范围很广。若用非本土地域的素材，学生因对非本土地域知之甚少而容易产生陌生感，甚至对素材摸不着头脑，这便要求教师花费更多的时间去讲解素材背景，最终在无形中增加了教学负担，降低了教学效率。若用本土素材，学生会感到更为亲切熟悉，能基于日常生活认识迅速对素材作出反应，不需要教师花费太多时间去讲解素材背景，从而提高了教学效率。此外，运用本土素材更能激发学生跳出家庭、学校而走进身边社会的动力与热情，为建设美好家园、打造美丽社会储备人才。

3. 成果与评价

（1）成果方面

本书在研究模拟联合国与模拟法庭活动课程时，已阐明此类模拟活动课程的学生学习成果并不仅仅显现于课程末尾的模拟效果或赛事结果，教师应当用全面、发展的眼光关注学生在学习全过程中生成的多种多样的成果。

在模拟人大与模拟政协活动课程中，每一块教学内容都有相应的教学要求，学生须由浅入深、按部就班地了解模拟人大与模拟政协的基本知识，撰写议案、提案，进行角色分工参与模拟。教师可从学生完成的每一项教学要求中了解其学习情况，发现其学习成果。

值得一提的是，对于模拟人大与模拟政协活动课程而言，成果的转化尤为重要。与模拟联合国、模拟法庭不同，模拟人大与模拟政协的一大重要功能在于学生需要走入现实社会，基于真实的社会调研发现人民的所需所盼所急，反映人民真实的想法，为人民排忧解难。基于前述，这一重要功能对学生自身有重大价值，在此不再赘述，此外，这一重要功能还极具社会价值。在调研过程中，学生充当着社会侦察兵的角色，以学生的独特视角去感知社会动向，挖掘社会问题，提出解决方案。学生调研的优质成果正是民生所想所望，可提供给人大代表、政协委员作为正式议案、提案的参考素材，也可提供给相关部门作决策参考。

在成果的转化途径上，主要有三：一是参加模拟人大的议案比赛、模拟政协的提案比赛，二是通过人大代表、政协委员联络站提交给相关领域的人大代表、政协委员，三是借助网络媒体、相关部门负责人信箱等途径表达。比如，江苏省常州市第三中学学生参与撰写的《关于加快落实环卫工人权益的提案》曾被全国政协委员提交至全国政协会议，并收到国家住房和城乡建设部的回复函①。

（2）评价方面

学生在模拟人大与模拟政协活动课程中生成的成果是多种多样的，这就要求课程评价不能只由教师给予学生一次性的简单化评价，而应当由多个主体给予学生过程性的、分角色的、描述性评价。

一是开展多主体评价。前面已阐述多主体评价，故不再赘述。在模拟人大与模拟政协活动课程的评价中，多主体可包括教师、学生本人、合作成员等。

二是开展分角色评价。在演绎模拟人大与模拟政协时，学生担任着不同角色，而不同角色的任务和要求不相一致。因此，对学生表现进行评价时要分角色进行评价。值得一提的是，对于担任人大代表、政协委员的学生，需注重对其议案、提案的质量作评价，评价细则表可参考如下：

---

① 杨春玉．“大思政课”引领下的青少年模拟政协活动［J］．教育研究与评论，2024（4）：88-91.

议案 / 提案评价细则表

评价指标	评价细则	评价
选题公共性	选择当下党和国家中心工作中的重要问题，选择当下经济与社会发展中的突出问题，选择人民群众反映强烈的问题，选择实际生活中迫切需要解决的问题	
问题的明确度	真实可靠，叙述清楚，数据精准	
提议的参考性	思路创新，办法可操作，与现行政策法规不矛盾	
格式的规范性	完整流畅，一事一案	

前文已阐述了过程性评价和描述性评价的重要性，故在此不再赘述。

附：模拟政协提案参考

关于大湾区背景下香港青年融入国家发展大局的提案

（2022 年全国青少年模拟政协提案作品）

东莞市石龙中学　汤逸山老师　提供

组　　别：中学组

作品名称：关于大湾区背景下香港青年融入国家发展大局的提案

提 案 人：陈露珠、任相如

单　　位：东莞市石龙中学

指导老师：汤逸山、王大鹏

一、问题

（一）参与低：香港青年在粤就业创业人数较少

近年来，粤港澳大湾区的建设促进了三地青年的融合发展，为粤港澳青年提供了广阔的创业就业空间。然而，香港青年在内地创业就业人数较少，积极性不高，受身份限制有时难以与内地某些职位相匹配。根据中山大学“高等教育、区域创新与经济增长（HERI-EG）”课题组的调查，在内地就读的港澳大学生仅有 14.6% 首选在内地找工作。

（二）分享难：香港青年较难分享内地发展的机遇

香港青年缺席内地经济社会建设，加之两地制度上不一致，某些时候无法分享到国家发展带来的就业机会、市场空间、人居环境等实惠，受到认识不足等方面限制，香港青年不能明确自己在大湾区发展之下的优势与前景。

（三）了解浅：香港青年对国家的发展了解不深入

2020—2022年间，两地线下往来减少，由于所使用的网站、媒体不尽相同，线上交流的频率也不高，互相之间了解不够深入。特别是在港澳一些媒体肆意歪曲之下，部分香港青年有可能曲解国家的政策，对内地的发展存在偏见。

二、原因分析

（一）产业结构不一致

香港以服务业为主，而珠三角以制造业为主，青年主要创业就业的方向不同，这导致香港青年来到珠三角求职需重新了解、习惯内地的产业结构与环境。同时，随着内地的高速发展，香港青年在粤港澳大湾区求职竞争更加激烈。

香港各产业劳动力就业占比 单位：%

项目 / 年份	1996	2003	2007
制造	36.1	8.4	5.8
建造	7.5	8.2	7.9
批发、零售、进出口贸易、饮食及酒店业	22.6	30.8	32.8
运输、仓储及通信业	8.1	10.8	10.7
金融、保险、地产、专业及商业服务	5.8	14.7	15.7
社区、社会及个人服务业	17.5	26.4	26.4
其他	2.3	0.7	0.6
总计	100	100	100

项目 / 年份	2008	2012	2014	2016
制造	4.7	3.7	3.5	3.1
建造	7.7	7.7	8.2	8.7
进口贸易及批发	16.7	15.1	13.4	12.3
零售、住宿及膳食服务	15.9	16.2	16.9	16.4
运输、仓储、邮政及速度服务、资讯及通信	12.3	12.1	11.9	11.9
金融、保险、地产、专业及商业服务	18.1	18.9	19.6	20.1
公共行政、社区、社会及个人服务	24.1	25.6	25.9	26.9
其他	0.6	0.7	0.6	0.7
总计	100	100	100	100

（数据来源：香港特别行政区政府网）

（二）规则体系不衔接

粤港澳大湾区在一个国家、两种制度和三种法域的独特背景下，粤港之间规则体系出现了衔接不畅的问题。香港青年到珠三角创业就业的过程中，经常遇到办证手续复杂等障碍。

（三）文化交流不深入

历史文化、教育文化、饮食文化等各方面的文化交流不足，不仅限制了香港青年对大湾区等内地文化的了解，也致使香港青年缺乏文化认同，部分香港青年尚不能认识到国家、内地的发展，对在内地发展的兴致不高。

三、建议

（一）促进创业就业，让香港青年共享国家发展成果

1. 搭平台。积极发挥香港青年创业基地作用，孵化更多与香港青年所学专业、技能相匹配的就业岗位，把香港青年的专业特长转化为个人就业创业的发展优势。

2. 拓渠道。两地政府为香港青年来珠三角就业创业增加“绿色通道”，如企业注册、项目申报、就业登记等方面的便捷服务，同时为香港青年提供官方、权威的政策解读，帮助他们理解湾区创业就业政策的相关信息。

3. 巧赋能。加强职业培训，积极引导香港青年参与创业比赛，关注和支持优秀的创业项目；举办湾区企业家与香港青年对话的主题交流活动，充分发挥“港澳人服务港澳人”传帮带的作用，为创业就业持续提供动能。

（二）完善政策衔接，让香港青年搭上国家发展快车

1. 进得来。完善出入境、报税、居住证、职业认证等相关政策配套，改善香港青年进入内地烦琐复杂的管理模式，不因香港户籍而在办事过程中叠加程序，保证政务办事途径畅通。

2. 留得住。减轻香港青年在本地工作、生活、住房压力，提供医疗补贴、住房优惠等增加福利与优待；为香港青年在珠三角创业发展过程中，提供更多的金融服务，提供减税减息优惠；充分发挥内地港人联谊会等社会团体的作用，定期举办香港青年之间的文体活动。

3. 干得好。完善奖励机制，设立荣誉制度，对积极发展的香港青年予以一定鼓励，给予他们更多的展示机会，举办社会影响力较大的表彰活动，弘扬奋斗精神，褒奖“国之大者”。

（三）增进文化交流，让香港青年加深对国家的认同

1. 联合参赛。两地青年联合参与国际竞赛，发挥团队的团结合作精神，增强香港青年对内地青年的了解，在国际大环境下更能彰显家国情怀。

2. 互动交流。通过同上一节天宫课、同唱一首歌、同看一场国家大型活动直播等形式，让香港青年通过线上的方式与内地青年互动；为香港青年提供来大湾区家庭体验生活的机会，感受大湾区的便利与发展优势，感受大湾区的人文情怀。

3. 志愿服务。两地青年可以联手共同参与志愿服务活动，在社会慈善、国家重大活动、乡村振兴等方面，积极探索“两地青年 + 志愿 + 国家”的志愿服务模式，在志愿服务中，拉近距离，紧密合作，达成共识，找到共鸣。

四、研学实践活动的组织与实施

（一）含义与特征

中小学生研学实践教育活动是由学校有计划地组织安排，通过集体实践、集中食宿等方式开展的研究性学习和实践体验相结合的校外教育活动。研学实践倡导“读万卷书，行万里路”，强调通过加强研究性学习，促进学生在社会大课堂拓展知识、运用知识进而学会学习、学会做事。在教育综合改革不断引向深入的进程中，研学实践作为一个新生事物，在促进学生德智体美劳全面发展中发挥着重要的积极作用。因此，在组织与实施研学实践过程中，需要充分了解研学实践的基本特征和重要原则。在 2014 年 3 月 4 日教育部基础教育司《关于进一步做好中小学生研学实践试点工作的通知》中就“研学实践”的基本原则作了规定，即“研学实践”要符合公益性原则、普及性原则、教育性原则、实践性原则。

1. 教育性原则

研学实践要结合学生身心特点、接受能力和实际需要，注重结构性、科学性、趣味性和参与性，为学生全面发展提供良好成长空间。

2. 实践性原则

研学实践要因地制宜，呈现地域特色，引导学生走出校园，亲近自然、接触社会、拓宽视野、参与体验、丰富经验和阅历。

3. 安全性原则

研学实践要坚持安全第一、生命至上，建立安全保障机制，明确安全保障责任，

落实安全保障措施，确保广大师生安全。

4. 公益性原则

研学实践不得开展以营利为目的的经营性创收，对贫困家庭学生应减免费用。

（二）目标与主题

基于以上研学实践需要遵循的重要原则，学校要系统性地把研学实践纳入学校教育教学计划，促进研学实践与学校课程、德育体验、实践锻炼有机融合，利用好研学实践基地，有针对性地开展自然类、历史类、地理类、科技类、人文类、体验类等多种类型的研学实践活动。要考虑小学、初中、高中不同学段学生的身心发展特点和能力，安排适合学生年龄特征的研学实践。

各中小学要对校内各学段、各年级研学实践教育进行整体规划，有针对性地安排红色革命传统教育、国情教育、中华优秀传统文化教育、国防与科技教育、劳动教育、自然生态教育六个方面的教育主题，帮助学生通过研学实践，广泛接触社会生活的各个领域。

1. 红色革命传统教育

依托爱国主义教育基地、革命历史类纪念设施遗址、烈士陵园（墓）、党建设施等设计课程，引导学生了解党在百年奋斗历程中的重大成就和历史经验、中国革命历史，增长革命斗争知识，学习革命斗争精神，激发爱党爱国之情，坚定听党话、跟党走。

2. 国情教育

依托美丽乡村、特色小镇、大型知名企业、大型公共设施、重大工程设计课程，引导学生学习了解体验基本国情及中国特色社会主义建设成就，培育新时代精神。

3. 中华优秀传统文化教育

依托文物保护单位、博物馆、非遗场所、优秀传统文化教育基地、南粤古驿道等设计课程，引导学生传承中华优秀传统文化核心思想理念、中华传统美德、中华人文精神，增强文化自觉，坚定文化自信。

4. 国防与科技教育

依托国防教育基地、科技馆、科普教育基地、科技创新基地、高等院校、科研院所等设计课程，引导学生学习科学知识、培养科学兴趣、掌握科学方法，树立国家安全观，增强科学精神和国防意识。

5. 劳动教育

依托企业、工厂、社会服务机构、农林牧渔种养场所、劳动实践场所等设计课程，开展职业体验、职业规划方面的教育，弘扬劳模精神、劳动精神、工匠精神，引导学生养成良好的劳动习惯、职业道德、就业意识等。

6. 自然生态教育

利用自然景区、植物园、动物园、世界自然遗产地、世界文化遗产地、生态保护区、野生动物保护基地等设计课程，引导学生感受祖国大好河山，树立爱护自然、保护生态、人与自然和谐相处的意识。

（三）过程与方法

研学实践在各地的具体实施要求不一样，一般由当地教育行政部门制定和出台专门的管理办法，下面以某地市为例，展示研学实践的实施过程。

1. 制订计划

学校按照本校制定的长期规划和此前制定好的研学实践教育活动计划，确定该次研学实践教育目标和内容。

2. 遴选基地或机构

学校根据研学实践教育目标和内容，公开、公正地遴选研学实践基地或第三方机构。

3. 第一次备案

就东莞市来说，学校必须在出行前提前至少 1 个月登录市教育局综合业务系统“非行政许可审批”中的“研学实践”页面申请报备，填写“研学实践报备”表单，进行第一次备案。镇属学校向属地教育管理中心报备，市直属学校向市教育局报备。各教育主管部门要及时登录研学实践备案平台审核中小学校的研学实践报备材料，不符合要求的要及时知会学校进行调整和修改，对于同一时间段在同一地点开展的研学实践活动，要及时进行协调。上级教育主管部门审核同意后，学校继续推进后续研学实践教育活动。

4. 完善方案

学校按照上级教育主管部门的审核意见、结合研学实践服务机构的实际，围绕研学实践教育目标和内容，以学校作为主体打磨、确定研学课程和具体路线，并制定活动实施方案和安全应急方案。

5. 第二次备案

学校在出行前至少两周，再次登录备案系统，将《学校研学实践教育活动实施方案》、《研学实践教育活动安全承诺书》、安全方案、基地情况介绍、承办机构资质、致家长信等材料报上级教育主管部门备案。《学校研学实践教育活动实施方案》要同步在班级家长群、学校网站公布。

6. 出行前准备

学校应印发致家长信，组织师生按照方案开展行前教育，收取费用，落实各项保障措施。于出行前至少 7 个工作日将使用运输企业、车辆、司机等信息报所在园区、镇街交通和交警部门核查，由所在园区、镇街交通部门核查企业和车辆的运输许可等情况，由交警部门核查车辆年审、违规等情况。所在镇街交通、交警部门须在 3 个工作日内将核查结果反馈给学校。

7. 出行后评价总结和公示存档

按方案和委托合同组织出行后，学校对研学实践教育活动作出初步评价，并在活动结束三周内，第三次登录研学实践备案系统，填写活动总结。同时将活动详细收支情况通过班级群或学校官网公示，对参与研学实践活动的师生作出工作量和教育效果等方面的评估，并收集整理有关佐证材料归档。

（四）成果与评价

研学实践评价包括过程评价和成果评价两部分，采用过程评价和结果评价在总评价中占比相对均衡的评价方式，意在鼓励学生重视研学实践过程，在研学实践过程中获得直觉感受，产生兴趣，乐于参与。研学实践的成果评价，涉及研学实践过程中的物化成果和研学实践最终的汇报成果。可将研学实践成果分为某个学科领域的成果和多学科融合的综合成果，前一种成果由对应学科的教师评价，如手绘地图由地理教师评价，城市名称变化及其背后的文化内涵思维导图由历史教师评价；后一种成果由多位相关学科的教师共同评价，如针对“如何才能传承和弘扬家乡文化？”这一问题的探究成果展示评比等。

附：研学实践活动案例参考

走进历史场馆　学习改革开放史

太平手袋厂展览馆研学活动

东莞市石龙中学　汤逸山老师　提供

一、活动背景

1978年十一届三中全会拉开了改革开放的序幕，创建于1978年7月的太平手袋厂，率先推开了东莞外向型经济的大门，带动了整个东莞乃至全国的工业发展，是东莞作为改革开放先行地的重要标志，在中国改革开放进程中具有里程碑意义。

太平手袋厂陈列馆是东莞市纪念全国第一家“三来一补”企业太平手袋厂的专题陈列馆，场馆内有专员讲解、历史图片、历史文物、文字说明、视频资料，为我们探究中国改革开放史提供了很好的学习资源。

二、活动目标

学习改革开放史是“四史”教育的重要内容，通过参观太平手袋厂陈列馆，触摸历史，聆听故事，并以项目式学习的方式了解改革开放的背景、意义、作用，让学生在真实的情境中深度学习，在活动成果生成中深化对中国共产党的历史性抉择的深刻认同。

三、活动设计

聆听讲解 → 沉浸参观 → 议题讨论 → 布置任务 → 搜集资料 → 成果展示

四、活动过程

（一）沉浸参观，聆听讲解

经过前期的筹备，带领学生到全国第一家“三来一补”企业陈列馆进行参观，学生在沉浸式的场馆里了解到了背后的感人故事，有了深刻的情感体验，可以说一辈子都难以忘记，在这全程深刻的参与中，他们获得的认知又非常真实，学科知识立体式地呈现在学生面前，全真式地进入学生头脑。

（二）围绕议题，深入探讨

根据前面的参观和讲解，老师根据具体的历史情境，抛出真实议题，引导学生了解中国共产党领导改革开放的背景、过程和意义。议题如下：

1. 1978 年中国的经济社会现状如何？
2. 东莞二轻局与香港信孚手袋厂合作有没有政策支撑？
3. 刚成立的太平手袋厂与过去的中国企业有什么不同之处？
4. 1978 年东莞二轻局为什么会和香港信孚手袋厂合作？

5. 太平手袋厂的发展为今天东莞打造制造业名城奠定了什么基础？

（三）搜集资料，展示成果

完成议题讨论，学生对太平手袋厂有了较为深入的了解，教师布置挑战性任务，要求学生通过现场搜集资料，物化学习成果，并向全班进行展示交流。以下是任务的布置：

1. 太平手袋厂的发展纪实，画出时间线索图。

2. 分析太平手袋厂对东莞发展的意义，以思维导图的方式呈现。

3. 探讨太平手袋厂对全国示范的意义，以示范辐射图的形式呈现。

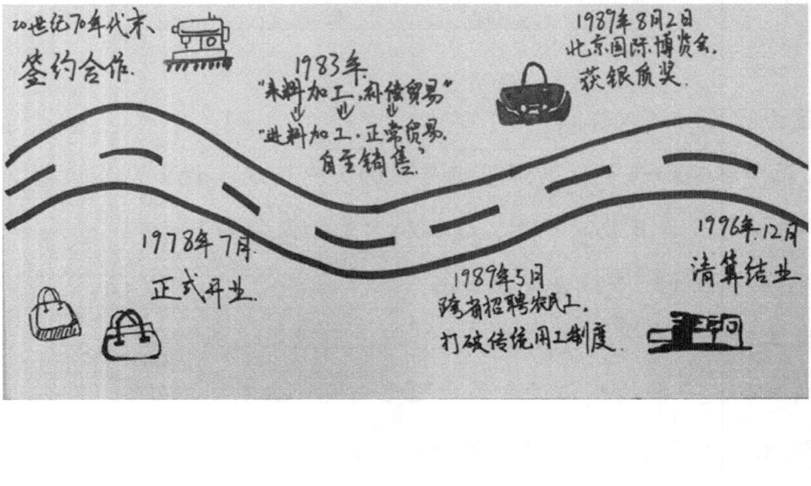

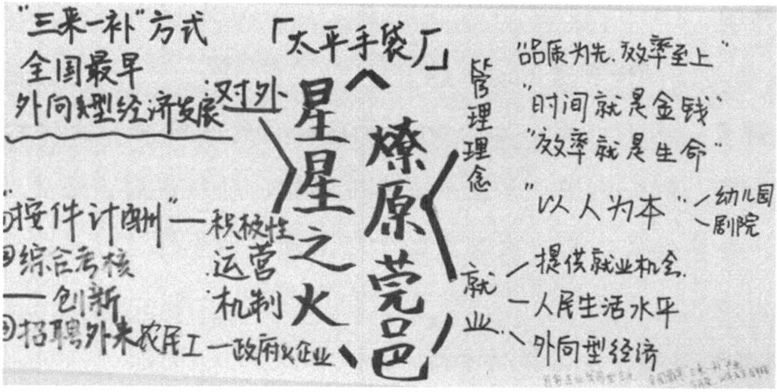

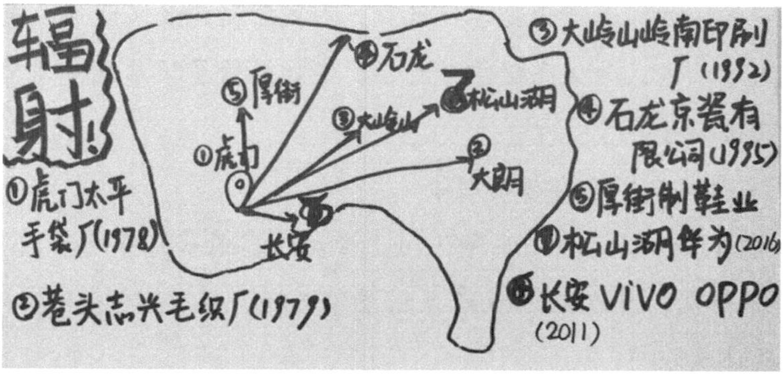

学生在活动中，因为有了任务驱动，他们不仅认真聆听讲解而且在讲解后进行深度学习，可以说是一种全程投入的学习行为。在全程投入中，在项目式成果的讨论、生成、展示中，学生的信息搜集能力、信息整合能力、动手能力、表达能力、合作能力都得到了提升，我们可以发现学生通过观场馆、听讲解、搜资料、生成果、听点评，对改革开放这一伟大决策的认识更为深入，政治认同更为自觉。

六、活动效果

（一）深度参与，学懂弄通入心入脑

通过任务前置、问题前置，本次党史学习教育的学习内容立体式呈现于学生面前，学生参与度高，体验感强，学生不仅参观场馆、聆听讲解，还要在场馆内搜集资料、完成任务、分享成果，是一次深度的学习活动，学生在这过程中学懂弄通，见行见效。

（二）创新形式，研学安排提供参考

本次通过研学的方式进行党史学习教育，形式创新，效果明显，是一次成功的实践探索。任务式驱动方式为提高研学针对性、实效性给予了启发，为学校接下来的研学安排提供了有益参考。

（三）辐射引领，省市平台分享经验

本次活动得到上级部门的关注和认同，活动内容荣获广东省“同上一节党史课”展示交流活动一等奖，并在南方教研大讲堂第 8 场、第 14 场向全省同行介绍经验，全国参与人次累计达 54.51 万。

七、活动反思

（一）真学：用好红色资源，提升学生参与感

为了杜绝走马观花、蜻蜓点水式的参观学习，在参观陈列馆之前，提前布置研学任务，提前安排学习小组，提前了解场馆基本情况，通过任务驱动，让学生全程式投入参与。

（二）真懂：解决真实问题，领会精神力量感

在学生参观之前，列出该研学的具体议题，并提出在参观完毕后对议题进行深度探讨。而这些问题的背后都是对党史学习的引领性设问，引导学生了解改革开放史，感悟改革精神的伟力。

（三）真信：发挥教师引领，增强党史认同感

在议题探讨、成果展示中，教师对学生探讨的问题进行价值引导，对学生呈现的成果进行引领式点评，在师生对话中自然生成对中国共产党的认识，增强学生对中国共产党历史决策的认同。

（四）真用：分享学习成果，升华历史担当感

学习成果展示中，学生通过描述历史进程，表达历史决策影响，传递历史情感，

明晰历史任务，强化历史担当，对党史有了较为深刻的情感体验，形成了自觉的政治认同。

五、职业体验活动的组织与实施

（一）含义与特征

职业是个人服务社会并作为主要生活来源的、专业的和非业余的工作。而职业体验强调通过学生生理与心理的激活感知，在实际岗位或模拟情境中建立学习、社会与职业的多方联系，从而引导学生从科学世界走向生活世界。职业体验是一种职业性、体验性、综合性的实践活动，即在特定的职业岗位或情境中，通过设计具体的活动促进学生在体验中获得职业认知、职业态度和职业方向。因此，职业体验是一种有目的、有计划的教育实践活动，强调学生在真实岗位或模拟情境中亲身参与职业活动，感受和走进职业世界，获得有关职业的知识经验和情感体悟，从而主动地将自身的知识学习与职业生活、社会进步、国家发展联系起来，在兼顾个人诉求和社会需求的过程中实现人生的意义。

（二）目标与主题

作为一种体验式学习，职业体验的目的并不是简单地让学生参与生产劳动、学习生产技术，而是帮助中小学生提高自我认识，促进中小学生认识职业世界，引导中小学生树立正确劳动观念，让学生在亲身经历和直接参与职业活动的过程中，获得真切的职业认识与情感体悟，形成深刻的职业理解，自觉地将自身成长、个人梦想与社会进步、国家发展、人类文明联系起来，在选择中平衡家庭与社会的需求，兼顾个人价值与社会价值的实现，过有意义的人生。中小学开展职业体验活动，意在将体验学习与中小学生未来的职业生活联系起来，是生涯教育、劳动教育的重要途径，对学生的终身发展具有重要意义。

作为综合实践活动规定的四种主要活动方式之一，职业体验主题设计既要遵循综合实践活动本身的自主性、实践性、开放性、整合性、连续性等原则，也要突出职业体验活动的关键要素，关照学生职业发展的不同阶段。同时，注意融入一些近年来党中央、社会各界要求中小学开展的专题教育内容，如节约教育、法治教育、国防教育、财经素养培养等。主题设计具体包含三部分内容：在职业幻想期，以体验职业为主；在职业尝试期，以认识职业为主；在职业现实期，以规划职业为主。

（三）过程与方法

职业体验课程具有情境性、体验性和生成性等特征，包括选择和设计职业情境、收集信息、参与体验、抽象概括、行动应用等环节。实施职业体验的首要环节是选择和设计职业情境（真实情境或仿真情境），借助音频、视频、游戏、故事、讲座等导入此次体验活动的目标主题，让学生形成对职业的初步认识；收集信息是为了让学生对选定的职业情境具备一定职业知识和经验，从而更加投入地参与到情境体验中；参与体验是在实际岗位或模拟岗位中重视学生的亲身体验与深度参与，帮助学生了解职业活动的具体流程以及完成职业活动所需要的知识、技能及素养等；交流反思注重为学生提供自我反思的空间和观点碰撞的平台，深化学生对职业、社会和自我的认识；抽象概括是在经历职业体验活动后，让学生将新建的观念和已有的自我概念以及职业知识进行加工和联系，建构起实质性的经验；行动应用是在学生分析自身实际情况后，让学生在职业与自我之间建立联系，对自己今后是否适合从事某一职业做出初步判断，从而为今后从事该职业做好学业准备和规划。

（四）成果与评价

职业体验课程的评价主体、评价内容和评价方式应区别于普通文化课程，服务于职业教育目标的实现。

一是评价主体多元化。除了任课教师外，职业体验课程评价还应充分发挥其他利益相关群体的作用，如学生、家长、从业人员、专业机构人员和教育主管部门等教师是课程的实施者和主导者，可利用过程记录和结果测试等方式及时掌握教育过程中存在的问题，提出合理可操作的建议，促进学生可持续发展。学生是课程的被实施者和评价对象，可通过撰写职业体验日记、使用自测评价工具等方式进行个人自评，也可与其他成员针对学习总结和已有成果进行互评，从而取长补短。除此之外，其他评价主体应根据实际情况明确评价职责避免评价的重复和偏颇。

二是评价内容多维化。评价内容不仅要注重职业知识、技能等要素的客观性评价，也要兼顾学生在活动过程中形成的人际关系与社会关系处理能力、自我管理能力、信息分析能力、沟通协调能力、问题应对能力、职业规划能力等方面的主观性评价。

三是评价方式综合化。目前，职业体验课程的评价方式以定量评价为主，强调学生职业知识的掌握程度和职业技能的熟练程度。这样的评价方式难以调动学生学习的积极性和主动性，不利于学生的职业成长。职业体验课程评价应关注学生学习的整个过程，而非只关注学生的学习结果，评价主体可采取课程实施前的诊断性评价、课程实施中的过程性评价，以及课程结束后的成果评价或职业生涯成熟度的追踪评价等多元综合的方式，确保在整个活动过程中能及时、全面地反馈学生的学习情况，从而促进课程目标的实现。

附：职业体验教学方案参考

职业生涯初体验　社会实践共成长

高中思想政治开展职业体验活动教学方案

东莞市大岭山中学　林欢媚老师　提供

一、设计背景

2019 年 3 月 18 日，习近平总书记在思想政治理论课教师座谈会上的重要讲话中指出："要坚持理论性和实践性相统一，用科学理论培养人，重视思政课的实践性，把思政小课堂同社会大课堂结合起来，教育引导学生立鸿鹄志，做奋斗者。"

《普通高中思想政治课程标准（2017 年版 2020 年修订）》（以下简称"新课标"）

在“基本理念”中指出：“要构建以培育思想政治学科核心素养为主导的活动型学科课程，坚持教育与生产劳动和社会实践相结合，着眼于学生的真实生活和长远发展，使理论观点与生活经验、劳动经历有机结合，让学生在社会实践活动的历练中、在自主辨析的思考中感悟真理的力量，自觉践行社会主义核心价值观。”可见，学生要培养在思想政治学科方面的核心素养，除了需要全面掌握和理解该学科的必备知识和关键能力，还要具备将所学知识综合运用于应对现实生活挑战的能力。

高中阶段是人生的黄金时期，不仅是“世界观、人生观、价值观”形成的重要时期，也是增长知识和能力的重要时期。在这个阶段，组织高中学生参与职业体验活动，能够使他们亲身感受真实的职业环境。这样的经历有助于学生更深入地理解特定职业所需的知识和素养，同时也让他们更明确社会和个人的需求。这种实践活动还可以促进思政小课堂与社会大课堂的结合，使学生的思想政治学科核心素养和综合素养得到双提升。

二、教学目标

1. 增进学生对社会职业的了解，发现自己的职业兴趣和能力，明晰自己未来的发展方向。

2. 激发学生参与思想政治课程学习的兴趣和内驱力，进一步提升学生的综合素质和学科核心素养。

3. 帮助学生树立正确的职业观、劳动观和人生观，促进学生全面发展和健康成长，让每个学生遇见更好的自己。

三、活动主题

基于对课程基本理念、结构、内容等的把握，新课标强调了高中思想政治学科融入社会实践活动的必要性和重要性。社会实践活动包括社会调查、研究性学习、志愿服务、参观访问，以及各种职业体验等。其中，职业体验活动是比较有趣且有效的方式。通过职业体验这一实践活动，学生能够在实际参与中对社会进行深入思考和认知，从而塑造出正确的价值观。这些活动也能引导学生将所学知识应用于实际生活中，发挥高中思想政治活动型课程的实际价值。

笔者所在学校是一所镇街普通高中，地理环境相对封闭，这也导致了教育资源的不足。因此，学生们了解外部世界的途径相对有限，从而在职业观和未来规划方面存在意识相对薄弱的问题。为了在新课标和新高考的背景下引导学生“立鸿鹄志，做奋斗者”，学校积极探索“生涯教育”的发展路径，有步骤地制定和实施职业体验活动。

我是谁？我想做什么？我能做什么？带着这样的思考，在这个暑假，笔者所教的高一政治选考班的学生们从自身兴趣出发，选取他们最感兴趣的职业进行深入探究。为了尊重学生的个性差异，激发学生参加职业体验活动的积极性，笔者设计、提供了三个活动主题，以便学生有更多的选择。

1. 亲自职业体验。学生可以选择到餐馆、便利店等处职业体验1—3天，也可以去父母、亲戚或朋友所在的单位、公司、商店、网店等处职业体验1—3天，或者体验摆地摊当小老板，或者到农贸市场帮忙买菜、卖肉等，或者到乡下体验当农民。通过亲身实地体验，学生将对该职业或行业有全新的认识和深刻的感受，包括工作内容、特点、功能、操作流程等。

2. 职业人物访谈。学生可以采访专业人士（医生、律师、企业老板等），也可以采访社会特殊群体，如外卖小哥、快递员、街道环卫工人、代驾等，还可以采访乡村振兴的主体，如农村各类种植专业户和养殖专业户。通过采访，了解职业人士的职业经历或创业故事，初步建立自己的职业观。

3. 职业观察记录。学生可以跟随父母去上班，观察父母一天的工作，或者观察街道环卫工人、货拉拉的货车司机、导游等一天的工作。通过全程观察，可以全面了解该职业或行业的工作流程、工作状态，充分感受劳动者的艰辛与伟大。

四、活动过程

（一）准备阶段

1. 职业认知

学校进行职业认知相关知识的头脑风暴活动，分为两个部分：

（1）三百六十行的故事。学校通过职业介绍讲座、主题活动，让学生了解当今社会各种职业。这些讲座可以由教师、家长或学生主持，也可以由学生小组搜集整理资料并与同学分享。如此，学生们不仅能更深入地了解各职业的特点，还获得了更全面的职业背景知识。这一系列活动帮助学生感受到科技进步和社会发展对职业变迁的影响，也认识到职业领域中朝阳、夕阳行业的差异。

（2）家族成员的职业故事。中国注重家族传承，家庭成员的职业选择对孩子的职业规划有一定影响。因此，我们引导学生创建表格、制作家族职业趋势图，以了解家庭成员的职业领域、特点、财富、成就等信息。通过这一过程，学生认识到家庭成员在特定职业中提供的资源、指导和人际关系优势，并思考这是否符合他们的性格、兴趣、能力以及社会发展趋势。这有助于学生构思适合自己的职业方向和人生规划。

通过进行职业认知的头脑风暴活动，学生初步确定了自己的职业兴趣（知己），同时也了解了不同职业的特点（知彼），为职业体验的选择提供了理性参考。

2. 填写职业体验的意向岗位和组建职业体验小组：同学们结合自身的实际情况，参考家长所能提供的工作岗位，分别填写自己最感兴趣的职业、想要亲自体验的职业。然后根据各自的意向岗位进行组队，以自愿为原则，每个小组成员不超过5人。当然，也可以单人为一组。

3. 制定《岗位信息表》《职业体验活动实施方案》《职业体验评价表》。（见附表1、2、3）

4. 召开动员大会：通过大会让学生清楚地了解职业体验活动的基本流程，并对相关表格的填写进行辅导；提醒同学们要积极投身于工作岗位，同时要增强安全意识，要遵守相关工作岗位的安全生产各项纪律和规定。

5. 学生完成《岗位信息表》的填写：同家长商议后确定职业体验的单位和工作岗位名称，填写《岗位信息表》（包括单位名称、岗位名称及职责、岗位能力要求及素养要求等）。

（二）实践阶段

1. 各职业体验小组进行实地职业体验。

2. 学生记录自己职业体验的照片和视频。

3. 各职业体验小组的小组长负责跟踪组员的安全，落实组员在工作期间的安全状况和每日下班后是否安全到家，并向科代表报告。

4. 每个同学自行记录《职业体验学习日记》。

（三）总结阶段

1. 学生提交《职业体验评价表》，撰写职业体验报告（包括职业体验的方案、过程、收获、反思等）。

2. 组织全体学生召开“职业体验报告分享会”，以学习小组形式选派代表进行分享、交流，增进学生们对不同职业和工作岗位的了解，为下一次的职业体验活动提供更科学、合适的借鉴与参考。

3. 评选“优秀职业体验个人或小组”，并颁发奖状。

五、活动评价

《普通高中思想政治课程标准（2017 年版 2020 年修订）》指出："基于核心素养的评价旨在引导学生把握正确的思想政治方向、融通社会科学综合性知识、改进社会实践行为，获得相关的基础知识和能力，情感、态度与价值观。"

本教学方案的实施，以课程标准为依据，以发展学生思想政治学科核心素养和职业素养为目标，力求将职业体验活动的质量、效果转化为具体的指标要求，体现评价的诊断、激励和促进作用。因此，对高中学生的职业体验活动的考核评价须把握以下三条原则。

1. 多元主体。评价主体包括学生自我评价、家长评价、教师评价、工作单位评价。考虑到教师在评价中具有专业性和客观性，因此，在评价体系中，教师的评价应该占重要比重，所占比例应为 40%，其他三个主体——学生自我评价、家长评价、教师评价职业岗位人员评价均为 20%。

2. 素养为先。作为教师，我们应当综合考虑政治认同、科学精神、职业能力、职业道德、情感态度、团队协作等方面的表现，并以此为依据来评估学生在社会实践中的职业体验成果。这种评估方式可以激励学生更进一步地提升思想政治学科的核心素养和综合素质水平。

3. 覆盖全过程。本研究将活动评价分为三个阶段：准备阶段、实践阶段、总结阶段。考虑到学生是职业体验活动的参与主体，其在实践阶段过程中的参与度和在体验过程中的表现应该是评价的重点。因此，在评价时，准备阶段的分值占 20%，实践阶段占 50%%，总结阶段占 30%。

六、活动反思

在新高考背景下，推广"生涯教育"和职业体验活动的趋势逐渐兴起。开展职业体验活动可以让学生走出课本，紧密结合思政小课堂与社会大课堂，提供最直接的生活体验，深深触动他们的内心，让他们理解生活的坎坷和挑战，培养感恩之心，塑造正确的职业观、劳动观和生活观。同时，通过这一体验，学生也更深入地了解社会职业，激发他们参与思政课程学习的兴趣和内在动力，进一步提升他们的综合素质和学科核心素养。

尽管一些学校举办的相关活动声势浩大，但学生在其中所获得的经验并不十分丰富。为了提升高中学生的职业体验感受，确保这一过程对他们的成长真正有益，我认为需要特别关注以下几个方面：

1. 尊重学生不同需求。学生对于职业体验活动的需求因人而异，教师应充分考虑学生的个性差异，给予他们更多自主权，使他们能根据兴趣自主选择更适合自己个性和需求的参与位置和角色，以促进学生更积极、更主动地参与。

2. 强化协同育人模式。仅仅依靠学校这一单一教育主体难以推动普通高中职业体验活动顺利开展。因此，建立有效的协同育人模式，将学校、家庭和社会融合在一起，显得尤为关键。在举办职业体验活动时，虽然学校扮演了主要组织者的角色，但需要家长和校友的积极参与，以提供多样化的职业体验机会。此外，媒体的正确引导也至关重要。只有通过这种方式，我们才能充分发挥学校、家庭和社会协同育人模式的最大潜力，营造一个全社会都关心青少年健康成长、支持他们参与实践活动的积极社会氛围，为培养未来社会的中坚力量创造更加有利的条件。

3. 提高教师自身素养。正如习近平总书记所强调的，“经师易求，人师难得”，教师肩负着传授知识、传递思想、传播真理，塑造灵魂、塑造生命、培养新一代的重要责任。为确保高中思政课的职业体验活动成功开展，思政课教师须持续提升自己的职业认知水平，包括深入学习职业的基本知识（如我国目前存在哪些职业、职业分类、职业发展历史以及新兴职业的涌现和未来发展趋势等等），熟悉与职业体验（职业启蒙、职业生涯规划等）相关的知识等等。

陶行知先生曾说：“生活即教育，教育即生活。”只有将教育与生产劳动、社会实践有机融合，推动课本知识与生活经验、劳动经历有机结合，才能帮助学生更好地理解知识和生活的真谛，真正走进生活，学会学习。高中思想政治学科利用假期开展职业体验活动，帮助学生从职业体验到参与解决社会真实问题，是引导学生了解自己、探索社会、思考大国崛起的时代性要求。

参考文献

［1］习近平主持召开学校思想政治理论课教师座谈会强调　用新时代中国特色社会主义思想铸魂育人　贯彻党的教育方针落实立德树人根本任务［N］. 人民日报，2019-03-19（001）.

［2］中华人民共和国教育部. 普通高中思想政治课程标准：2017 年版 2020 年修订［M］. 北京：人民教育出版社，2020.

［3］陈韵君. 以行生慧：普通高中开展深度职业体验活动的实践与思考［J］. 新教育，2022（1）：39-41.

附表：

表 1　职业岗位信息表

职业岗位信息表

班级　　　　姓名　　　　体验时间：

工作单位名称	
工作岗位名称	
工作内容	
工作岗位的能力要求	
工作岗位的素养要求	

表 2　职业体验四方评价表

职业体验评价表之一　自我评价

班级　　　　姓名　　　　体验时间：

一级指标	二级指标	满分	得分
开展前准备	1. 是否积极与家长进行沟通、商议，进而确定职业体验的单位和工作岗位	5	
	2. 是否清楚自己的职业兴趣、了解自我优势和劣势	5	
	3. 是否对该工作岗位有充分的了解和认识	5	
	4. 是否如实填写《岗位信息表》（包括：单位名称、岗位名称及职责、岗位能力要求及素养要求等）	5	
实地职业体验	1. 是否落实了自我的安全管理与教育	10	
	2. 是否胜任工作岗位的能力要求	15	
	3. 是否具备该工作岗位的职业素养，如：沟通协调能力、学会倾听和尊重他人的品质……	15	
	4. 是否认真记录《职业体验学习日记》（包括照片、视频等）	10	
活动结束后总结	是否认真撰写职业体验报告（包括职业体验的方案、过程、收获、反思等）	30	
	总计	100	

职业体验评价表之二　家长评价

班级　　　　　　姓名　　　　　　体验时间：

一级指标	二级指标	满分	得分
开展前准备	1. 孩子是否积极与父母进行沟通、商议，进而确定职业体验的单位和工作岗位	5	
	2. 孩子是否清楚自己的职业兴趣、了解自我优势和劣势	5	
	3. 孩子是否对该工作岗位有充分的了解和认识	5	
	4. 孩子是否如实填写《岗位信息表》（包括：单位名称、岗位名称及职责、岗位能力要求及素养要求等）	5	
实地职业体验	1. 孩子是否落实了自我的安全管理与教育	10	
	2. 孩子是否胜任工作岗位的能力要求	15	
	3. 孩子是否具备该工作岗位的职业素养，如：沟通协调能力、学会倾听和尊重他人的品质……	15	
	4. 孩子是否认真记录《职业体验学习日记》（包括照片、视频等）	10	
活动结束后总结	孩子是否认真撰写职业体验报告（包括职业体验的方案、过程、收获、反思等）	30	
	总计	100	

职业体验评价表之三　工作单位评价

班级　　　　　　姓名　　　　　　体验时间：

一级指标	二级指标	满分	得分
职业意识	1. 学生是否清楚自己的职业兴趣、了解自我优势和劣势	10	
	2. 学生是否对该工作岗位有充分的了解和认识	10	
	3. 学生是否积极投身于工作岗位	10	
职业能力	学生通过动手实践，是否初步掌握该工作岗位所需的基本技能	15	
职业素养	1. 学生是否遵守该工作岗位的安全生产纪律	15	
	2. 学生是否具备该工作岗位的职业素养，如：沟通协调能力、学会聆听和尊重他人的品质……	15	
职业收获	学生是否认真记录《职业体验学习日记》（包括照片、视频等）	25	
	总计	100	

职业体验评价表之四 教师评价

班级　　　　　　姓名　　　　　　体验时间：

一级指标	二级指标	满分	得分
开展前准备	1. 学生是否积极学习职业体验活动实施方案	5	
	2. 学生是否清楚自己的职业兴趣、了解自我优势和劣势	5	
	3. 学生是否对该工作岗位有充分的了解和认识	5	
	4. 学生是否如实填写《岗位信息表》（包括：单位名称、岗位名称及职责、岗位能力要求及素养要求等）	5	
实地职业体验	1. 学生是否落实了自我的安全管理与教育	10	
	2. 学生是否胜任工作岗位的能力要求	10	
	3. 学生是否具备该工作岗位的职业素养，如：沟通协调能力、学会聆听和尊重他人的品质……	10	
	4. 学生是否认真记录《职业体验学习日记》（包括照片、视频等）	10	
活动结束后总结	1. 学生是否认真撰写职业体验报告（包括职业体验的方案、过程、收获、反思等）	25	
	2. 学生是否积极参与“职业体验报告会”的交流活动	15	
	总计	100	

表 3 职业体验活动实施方案

参加人员	高一年级政治选课学生
活动开展时间	暑假
职业体验天数	1—3 天
第一阶段 开展前准备	
学校	1. 学校开展职业认知相关知识的头脑风暴活动。分为两个部分： 1.1. 三百六十行的故事。学校开设职业介绍的讲座或主题活动，让学生了解当今社会都有哪些职业 1.2. 家族成员的职业故事。引导学生手绘家族职业树图谱，初步形成个人未来的职业规划 2. 填写职业体验的意向岗位和组建职业体验小组
学校	3. 制定《岗位信息表》《职业体验活动实施方案》《职业体验评价表》（见附表 1、2、3） 4. 召开动员大会：通过大会让学生清楚地了解职业体验活动的基本流程，并对相关表格的填写进行辅导

（续表）

参加人员	高一年级政治选课学生
学生	和家长商议、确定职业体验的单位、工作岗位名称，填写《岗位信息表》（包括：单位名称、岗位名称及职责、岗位能力要求及素养要求等）
第二阶段　实地职业体验	
学生	进行真实场景中实际上岗体验，并记录《职业体验学习日记》（包括照片、视频等）
第三阶段　活动结束后总结	
学生	提交《职业体验评价表》（见附表），撰写职业体验报告（包括职业体验的方案、过程、收获、反思等）
学校	1. 组织全体学生召开“职业体验报告会”，以讲座、交流的形式，使更多的学生了解不同的职业和岗位，为下次职业体验活动选定初步的目标 2. 评选“优秀职业体验个人或小组”，并颁发奖状

六、学校小课堂和社会大课堂的融合

（一）目标对齐与意义深化

思政小课堂是在学校课堂内开展寓思政教育于学科教学的教育活动，如道德与法治课等。社会大课堂则是将思政教育融入社会实践和服务中的教育活动，如社区服务、志愿者活动、社会调研等。思政小课堂与社会大课堂融合是培育时代新人的现实需要，是提升思政教育实效性的需要，有助于丰富思政教学内容，推动思政课一体化建设。思政小课堂与社会大课堂的在教育目标上基本一致，思政小课堂与社会大课堂的教育目标都是向社会输送优质人才，培养社会主义建设者和接班人，通过理论与实践相结合，提高学生的理论素养和实践能力。学校需要关注学生思政素养和正确价值观的培养，同时需要加强学生的实践能力和理论素养。思政小课堂侧重知识的学习和内化。教师将相关理论知识传授给学生，让学生建立正确的思想观念和价值观，并通过各种方式引导和激发学生对理论知识进行深入思考。社会大课堂侧重认识的深化和实践的拓展，使学生全面了解世情、国情和民情，从而更好地理解思政知识。通过参与实践活动，学生可以将所学理论知识转化为实践能力。

（二）数字化支持与资源利用

社会课堂资源是思政课程的重要部分。教师在思政课教学中融合社会课堂资源，能够让学生了解到更多社会知识，将思政课转变为学生接触社会生活的生动实践课。通过线上线下构建服务大中小学生“大思政课”现场教学活动的课程群，能够丰富“大思政课”资源供给，提升课程的质量和活性，进而发挥社会大课堂在学生思想政治教育中的重要作用。教师可以借力区域内各级教育基地和事业单位、名企、创意基地、优秀街乡（社区、小巷）等社会资源优势，将其与课本专题知识内容进行对接和融合。教师可构建爱国主义教育、科学人文教育、先进理念教育、基层治理实践教育等主题课程群。其中，爱国主义教育课程群是根据爱国主义教育基地、红色教育基地等场所开发党史国史、红色基因等课程，以现场学习、参观体验、精神熏陶等形式组织实践。科学人文教育课程群要充分挖掘科技馆、环境监测总站，数字文化馆等资源，开发传统文化、社会科学、先进技术、文学艺术等课程，以参观体验、问题探究、情景模拟等形式组织实践。基层治理实践教育课程群需要针对优秀街乡、社区（村）等有特色和活力的基层组织，挖掘其在基层治理、乡村振兴、基层党建和党员作用发挥等方面的经验做法和突出成果，形成以基层治理生动实践为主题的课程，以现场学习、主题宣讲等形式组织实施。

（三）引进来与走出去的策略

大小课堂的融合能够促进思政课一体化建设，培养学生的综合素质和社会责任感。这要求学校和教师共同努力，加强校内外衔接，优化课堂内容设计，提高对思政课的重视度，探索科学的实践教学模式。加强校内外衔接，实现社会与学校有机联动。学校应与社会组织进行广泛合作，建立课堂教学与实践活动之间的衔接机制。例如，与社会组织、企业等合作开展实践项目，为学生提供更多实践机会，并与思政小课堂的教学内容相互补充和支持。学校领导层应高度关注思政教育，通过座谈会等方式了解教师和学生对思政小课堂和社会大课堂融合的看法与建议，为优化教学模式提供更多依据。为确保社会大课堂实践有章可依，学校需要加大规范制度建设和管理力度，设立专门的管理机构或者委员会，统筹规划社会实践活动的内容、方法和安全保障等，并严格按照程序和规定进行实践活动的审核、评估和监督。此外，思政小课堂与社会大课堂衔接需要社会支持。学校可以积极与企业、政府和社会组织等建立合作关系，充分利用社会资源优化教学内容和方法，为学生提供更加全面和有价值的实践教育。

会实践活动的开展是一项复杂又系统的工程，涉及方方面面的因素，并不只是政治教师的教学工作，学校需要提供更大的支持才能保证政治学科的社会实践活动得到正常开展，学校的不够重视、支持力度不够也会导致社会实践活动的开展出现一系列的问题。如果学校对于高中思想政治课社会实践活动的实施给予大力的支持，可以推动建立社会实践活动在思想政治课中实施的长效机制。在应试教育的教育背景之下，学校注重“升学率”，仍然以学生成绩论教师能力，给予教师施加无形的压力，所以在一周一个班级只有 2—3 个课时安排下，思政教师自然没有充裕的时间和精力去组织社会实践活动，不能更多地发挥教师对于社会实践活动的主导优势。还有一些学校认为思想政治课属于副科课程，相对于语文、数学、英语等主科课程，其对学生发展的重要性并不明显，该课程的发展很容易被学校所忽视，部分学校很少给教师提供相关的培训机会，教师缺乏组织社会实践活动的经验，在教学中也会减少社会实践活动的开展。除此之外，社会实践活动的开展面向的是社会大课堂，很多时候学生不仅仅需要集体走出课堂，更需要走出学校开展社会实践活动，大部分学生认为在思想政治课学习过程中，任课教师没有开展过社会实践活动的原因除了教师缺乏时间精力、组织活动能力有限，还有缺乏开展活动的资金和难以保障学生安全的问题，这都严格限制了政治教师开展社会实践活动。

（三）校外资源整合利用不足

校外资源整合不足是当前教育领域面临的一个重要问题。这主要表现在几个方面：首先，学校与社区、企业等校外资源的合作机制不够健全，导致资源对接存在障碍，难以实现资源共享和优势互补。其次，校外资源的多样性和质量参差不齐，缺乏有效的评估和筛选机制，使得学校难以挑选出适合学生发展的优质资源。再者，校外资源的利用往往缺乏系统规划和长远考量，导致资源利用效率低下，难以形成持续的教育支持。此外，校外资源整合还面临着资金、政策支持不足的问题，限制了校外资源在教育领域的深入应用。这些问题的存在，不仅影响了教育的广度和深度，也限制了学生综合素质的提升和个性化发展。特别是高中思政课社会实践活动教学内容要教什么、用什么教，这与纯粹的校内课堂教学还是有区别的。社会实践活动教学最关键的是将理论与实践融合，这就要求教师整合各方资源，我们的学校、社区、社会等还存在着大量的教学资源可以利用。

第七章　思政课社会活动教学的展望与建议

一、技术革新与教学融合

随着人工智能（AI）技术的飞速发展，教育领域正经历着前所未有的变革，人工智能技术已成为推动社会发展的关键力量。教育作为培养未来社会人才的重要领域，其与 AI 的融合不仅能够提升教育质量，还能促进教育公平和创新，同时 AI 也带来了新的挑战。随着技术的不断进步，思政课的社会实践教学，可以充分利用人工智能、大数据、元宇宙等为代表的数字技术，运用沉浸技术、数字孪生技术和穿戴设备技术打造课堂新场景，变革课程育人模式，不断提升教学的亲和力、吸引力和影响力。

（一）生成式人工智能

个性化与定制化是指生成式人工智能可以根据学生的需求，生成高度个性化的内容，提供定制化的学习建议。生成式人工智能可以根据学生的学习需求和偏好，生成个性化的学习资源，从而满足学生的多样化需求，提升学习效果。生成式人工智能最突出的技术特征与优势就在于其能够根据不同学生的兴趣爱好、知识水平和学习能力，自动“定制”生成适用于每个学生的“个性化”学习内容与教学策略，成为学生的“学习陪伴者”。在社会实践教学中，生成式人工智能还能够实时跟踪学生的学习进度与状态，及时调整教学方案和教学难度，从而为学生提供“个性化”学习体验。此外，学生在完成阶段性学习任务以后，生成式人工智能还可以在“精准”分析学生学习数据和行为模式的基础上，给出个性化的教学评估报告和建议，从而使学生更加清晰地认识到自己的学习状态，并且在生成式人工智能的个性化引导下逐渐走出困境。因此，在教师引导下，生成式人工智能成为学生的“学习陪伴者”，在推进学生实现全面自由、符合个体需求的发展过程中发挥极为重要的作用。在社会实践教学中，生成式人工智能的个性化与定制化优势在培养学生创造力过程中有着多方面的积极作用。

第一，生成式人工智能通过分析学生的历史学习数据，识别出每个学生的学习进度和问题，为不同学生提供个性化的学习内容和创意启发。对于学习进度慢的学生，它提供基础和细致的学习材料，帮助他们建立知识体系；对于学有余力的学生，它提供具有挑战性的和深度的创意任务和资源，激发他们探索更高层次的创造力。此外，它还能根据学生的兴趣爱好定制创意项目，如历史写作或科学实验设计，从而提高学生的参与度和创意灵感的多样性。

第二，生成式人工智能辅助教师定制教学模式，拓展创造思维空间。传统的教学模式往往严格遵循固定的课程大纲和教学进度安排，这种模式在满足学生个性化需求方面存在明显的局限性。而生成式人工智能则能够为每一位学生量身定制独一无二的学习道路。此外，生成式人工智能还具备提供个性化反馈的能力，这种反馈不仅仅是简单地指出学生作品中存在的错误，更能够依据学生独特的创作风格和创作思路，给出针对性的引导建议。

第三，生成式人工智能助力学生培养跨学科能力，丰富创造力维度。现代社会的创新成果往往依赖于跨学科知识的深度融合。生成式人工智能可以根据学生的知识背景和学科优势，精准定制跨学科的创意任务。在跨学科学习这一复杂的过程中，学生需要对不同学科的知识进行有效的整合，而生成式人工智能则能够针对学生个体之间的差异，为其提供个性化的知识整合引导。对于那些在不同学科知识链接与融合方面存在困难的学生，生成式人工智能可以为其提供直观清晰的知识关系图、具有代表性的案例分析等内容，帮助学生更加透彻地理解如何将不同学科的知识融合与相互促进的路径与方法，进而显著提升学生的跨学科创造能力。

在当今教育不断追求创新与发展的时代背景下，生成式人工智能通过其数据化与自动化的特性、内容生产的优势以及个性化与定制化的服务，为学生创造力的培养开辟了新的路径，展现出巨大的潜力。随着技术的持续进步，生成式人工智能的数据处理能力将更加强大，从而能够为学生提供更加精准、深入和全面的知识与创意支持。与此同时，未来的生成式人工智能还将会在具身认知、模拟世界等方面实现更进一步的发展，为学生创造出更加沉浸式的学习体验，更好地激发学生的创造力发展，从而助力更多学生成为富有创造力的、适应未来社会发展需求的创新型人才。

（二）以 VR 技术“走进”校外场馆

随着 AI、物联网、大数据、云计算、5G 通信等技术的兴起和应用，VR 技术研究不断深入其交互性、沉浸感和构想性（也称为创造性）可让人和虚拟世界进行自然交流。理想的虚拟现实技术 VR，具有人类所具有的感知功能，包括视觉、听觉、触觉、运动感知，甚至包括嗅觉、味觉、体感等。虚拟环境中的物体，依据现实世界物理运动定律动作，以提供动态、真实的反馈给用户、体验者、学习者。我国早在 2006 年国务院制定的《国家中长期科学和技术发展规划纲要（2006—2020 年）》中就把虚拟现实技术列为前沿技术中的重要部分。2018 年 12 月 25 日，工信部印发《关于加快推进虚拟现实产业发展的指导意见》提出：推动虚拟现实、增强现实、混合现实产品在制造、教育、文化、健康、商贸等行业领域的应用、创新融合发展路径、培育新业态。中国工程院院士、虚拟现实技术与系统国家重点实验室主任赵沁平认为，与“互联网 +”一样，虚拟现实技术也是各行各业都可以采用并帮助自身发展的一项重要技术。自 2016 年 VR 技术在国内空前火爆之后，在教育领域探索利用 VR 技术逐渐得到重视，高校学府纷纷建立科研实验室开展虚拟现实方面的研究工作。如北京航空航天大学建立了虚拟现实技术国家重点实验室开展虚拟环境中物体表征的研究工作。浙江大学 CAD&CG 国家重点实验室开发出一套桌面型虚拟建筑环境实施漫游系统，丰富了 VR 技术在基础理论方面的研究成果。北京微视酷科技有限公司，利用 VR 技术，结合教育教学的实际需求，为学习教育提供专业的技术服务和一站式的解决方案，实现了“真正能上课的 VR”，结合教学实际需求，自主研发了“IES 沉浸式课堂”系统。

在社会实践教学中，利用 VR 技术所构建的教学资源是“文化资源 + 技术 + 设备”的综合体，建设方具有完全的所有权、主导权，可通过 Web3D 网络三维技术进行远程学习体验，为师生打造一个足不出户就可以拥有的沉浸式 VR 交互平台。在沉浸式 VR 交互平台，学员通过佩戴虚拟现实头戴设备，即可实现在不同区域一同融入沉浸式虚拟现实课堂，突破边界限制，实现时间与空间的跨越，便捷地了解、体验、研究各地的红色文化。

在沉浸式虚拟现实课堂里，利用 VR 技术构建的红色资源，通过一系列 3D 虚拟信息，学员可非常生动、直观、形象地融入可交互的 3D 图形场景世界，感觉自己也是虚拟现实环境的一部分，师生借助文字、语音或视频进行交流，并通过多感交互工具（数据手套、数据衣、触觉反馈设备、力反馈设备、神经肌肉交互设备、意念控制设备等）充分触发人体的五感体验，“触摸”到身边的老师和同学。学生通过触摸体验与虚拟物体之间产生互动行为，虚拟物体能及时作出相应动作并给予反馈，学生以自然的方式（头的转动、手的运动等）身临其境，体验革命先辈的斗争、生活场景，使心灵感受到真实的冲击。

（三）穿戴技术

2012 年 4 月，谷歌公司发布的谷歌眼镜再掀可穿戴设备热潮。可穿戴设备市场蕴含的巨大商机令世界各国知名企业纷纷行动，相继推出智能腕表、iWatch、意念头箍、智能手环等创新型智能产品，这些产品不仅具有最新的制造工艺，更可通过数据交互、云端交互以及软件支持实现强大的功能。伴随着可穿戴技术的飞速发展，这种新技术与教育深度融合指日可待。近年来，智慧教育不再是不接“地气”的空中楼阁，创新科技让智慧教育落地生根。

构建基于可穿戴技术的智慧教育环境，可带来更高的教与学效率，使非正式学习和个性化学习成为教育的焦点。智慧教育将成为可穿戴技术发展空间最大和广泛关注的应用领域，可穿戴技术与创客、慕课、STEAM、微课、翻转课堂等不同教学方式结合后应用于教育中将成为主流，这将极有可能彻底改变课堂的教学方式及未来学习环境，为推进我国教育范式及学习方式的变革提供有力支撑。非正式学习有别于传统的正式学习，它不是以课程、任务、研讨会等形式展开的教学活动，而是通过会议、书籍、网站、交谈等蕴含信息和内容的一切生活中的事物进行随时随地的学习。可穿戴技术因为实现了学习者与物理和社会环境的无缝联通，为非正式学习的推广提供了广大舞台。借助可穿戴设备，学习者可以通过零散时间对某一专业词汇或某一具体知识点进行深入了解。近年来逐渐兴起的“微课”就是典型的利用媒介进行学习的一种“微学习”方式。可穿戴设备集成了柔性显示屏，学生可利用这种“电子纸”随时查阅和观看学习内容，其更好地融合了呈现形式与表达方式，学生可在课堂之外随心、便捷地进行“微学习”。

由于社会实践教学的需要，一些特殊专业的学习条件非常受限，如医学、地质学、航空学等，在这些专业的教学中，学习者可能面临不少未知危险，实验的真实数据很难获得。但是有了可穿戴技术的帮助，特殊专业的学习难度和危险将明显降低。佩戴这种配置了可穿戴技术的手套，使用者就能够间接感知并遥控对象物体而不必直接接触物体。如果将可穿戴技术应用于病毒教学中，学生不仅可真实体会病毒的巨大危害，而且避免学生接触存在潜在危险的材料和操作。

二、政策支持与制度保障

党的十八大以来，习近平总书记高度重视思政课建设，发表了一系列重要讲话，作出了一系列重要指示、批示，提出了一系列重要部署，指明了办好思政课的根本任务、方向目标、方法路径，为建设新时代“大思政课”提供了科学指引和强大动力。

2019 年 3 月 18 日，习近平总书记在学校思想政治理论课教师座谈会强调，要高度重视思政课的实践性，把思政小课堂同社会大课堂结合起来，在理论和实践的结合中，教育引导学生把人生抱负落实到脚踏实地的实际行动中来，把学习奋斗的具体目标同民族复兴的伟大目标结合起来，立鸿鹄志，做奋斗者。

（一）《关于深化新时代学校思想政治理论课改革创新的若干意见》

全面贯彻党的教育方针，要解决好培养什么人、怎样培养人、为谁培养人这个根本问题，坚持不懈用习近平新时代中国特色社会主义思想铸魂育人。2019 年 8 月，中共中央办公厅、国务院办公厅印发了《关于深化新时代学校思想政治理论课改革创新的若干意见》，该《意见》提出，要积极拓展思政课建设格局。坚持开门办思政课，推动思政课实践教学与学生社会实践活动、志愿服务活动结合，思政小课堂和社会大课堂结合，鼓励党政机关、企事业单位等就近与高校对接，挂牌建立思政课实践教学基地，完善思政课实践教学机制。制定关于加快构建高校思想政治工作体系的意见，汇聚办好思政课合力。加大正面宣传和舆论引导力度，推动形成全党全社会努力办好思政课、教师认真讲好思政课、学生积极学好思政课的良好氛围。

（二）《全面推进“大思政课”建设的工作方案》

“大思政课”是指把校园小课堂和现实大社会相结合的教学创新实践活动。“大思政课”之“大”，在于教师要胸怀“国之大者”，紧扣“两个大局”，带领学生通过对历史与现实的学习思考，在时代大变迁中感受和正确认知世界和中国发展大势。2022

年 7 月，教育部等十部门印发《全面推进“大思政课”建设的工作方案》，该方案提到，要组织开展多样化的实践教学。教育部持续组织开展中国国际“互联网 +”大学生创新创业大赛青年红色筑梦之旅、习近平新时代中国特色社会主义思想大学习领航计划、“小我融入大我，青春献给祖国”主题社会实践、“技能成才，强国有我”主题教育等活动。高校要紧扣思政课实践教学目标和要求，利用志愿服务、理论宣讲、社会调研等实践活动，开展实践教学。注重总结实践教学成果，把优秀成果作为课堂教学的有效补充，支持出版高校思政课实践教学成果，推动实践教学规范化。

《方案》还提出利用现有基地（场馆）分专题设立一批“大思政课”实践教学基地，随后全国首批 453 家实践教学基地向社会公布并开放。各地各大中小学围绕科学精神、工业文化、美丽中国、先进文化等专题，设置不同层级的实践教学基地。2023 年底，以革命文物为主题的“大思政课”优质资源项目共发布了 10 个示范项目、100 个精品项目，其中既有“北京中轴线上的大思政课”“刘公岛开学第一课”等具有鲜明地域特色的课程，也有传统红色革命纪念馆、中国电影博物馆、哈军工纪念馆等特色专业场馆。这些基地、场馆、展陈物及它们背后的真实故事、历史事件等，帮助不同学段学生从不同视角、领域回望历史，进一步感知当代中国的发展变迁，不断激发他们的爱国情怀。

（三）《关于进一步加强新时代中小学思政课建设的意见》

为深入贯彻落实习近平总书记在学校思想政治理论课教师座谈会上的重要讲话精神和关于思政课建设的重要指示批示精神，加强党对中小学思政课建设的全面领导，全面贯彻党的教育方针，落实立德树人根本任务，积极培育和践行社会主义核心价值观，推进大中小学思想政治教育一体化建设，充分发挥思政课关键课程作用。2022 年 11 月，教育部印发《关于进一步加强新时代中小学思政课建设的意见》，《意见》提到，要丰富社会实践资源。完善思政课实践教学机制，中小学校要制定社会实践大课堂教学计划，安排一定课时用于学生社会实践体验教学活动，推动思政课教学与学生社会实践、志愿服务等活动有机结合，增强学生直接体验和切身感悟。各地各校要统筹爱国主义教育基地、红色教育基地、研学教育基地、综合实践基地、法治教育实践基地、文化场馆、科技场馆、博物馆等校外教育资源，以及地方特色教育资源，建立一批思政课实践教学基地，共同开发建设各具特色的教学资源。

由此可见，近年来，党和国家出台的一系列文件，使新时代思想政治理论课改革创新的顶层设计更加系统完善。教育部推出一系列创新性举措和活动，如开展全国高校思想政治理论课教学展示活动等，全方位调动了各方面课程改革创新的积极性和主动性，思政课社会活动教学尤其社会实践教学也日益受到重视，思政小课堂与社会大课堂深度融合的前景日益光明璀璨。